Marie Fuentes

SPANISCH LERNEN

leicht gemacht

Email: info@edition-lunerion.de
www.edition-lunerion.de

Psiana eCom UG
Berumer Str. 44
26844 Jemgum

Inhalt

Spanisch lernen - kinderleicht!

Weltweit wird die spanische Sprache von mehr als 440 Millionen Menschen gesprochen und sie ist nach Englisch die am zweithäufigsten gesprochene Sprache der Welt – in insgesamt 21 Ländern gilt Spanisch mittlerweile als die offizielle Amtssprache. Es verwundert daher nicht, dass Spanisch inzwischen als Weltsprache gilt, auf dem Arbeitsmarkt immer bedeutsamer wird und auch die hohe Nachfrage nach Spanischkursen ist daher nicht verblüffend.

Mit Blick auf die spanische Sprache fällt auf, dass es einige Gemeinsamkeiten und Ähnlichkeiten zu anderen Sprachen gibt. Hier sind vor allem Französisch, Portugiesisch, Katalanisch oder Italienisch zu benennen. Wenn Sie eine dieser Sprachen beherrschen, wird Ihnen das Erlernen der spanischen Sprache sowie der entsprechenden Vokabeln nachweislich leichter fallen. Sprachliche Besonderheiten ergeben sich dabei vor allem hinsichtlich der Vielzahl an Dialekten sowie des Unterschieds zwischen europäischem und lateinamerikanischem Spanisch. In vielen Ländern Lateinamerikas werden sich nicht nur die Aussprache oder die Vokabeln unterscheiden, sondern auch die Grammatik. In der Regel wird man Sie mit europäischem Spanisch aber überall verstehen. Umgekehrt kann es gut sein, dass Sie lateinamerikanisches Spanisch nicht überall vollständig verstehen bzw. Missverständnisse entstehen. Das sollte Sie jedoch nicht demotivieren. Falls Sie Ihr Spanisch wirklich einmal vor Ort in Lateinamerika anwenden möchten, werden Sie sich an die Unterschiede schnell gewöhnen. Auch in der spanischen Region Katalonien ist die Sprache teilweise sehr unterschiedlich. Dort wird neben europäischem Spanisch (in einem teils starken Dialekt) auch Katalanisch gesprochen – was dem Spanischen zwar ähnelt, aber eine völlig andere Sprache ist. Kataloniens Hauptstadt ist übrigens Barcelona – einer der beliebtesten Urlaubsorte Spaniens, hier kann es Sie also erwarten, dass der Dialekt mancher Barcelonier teilweise schwer zu verstehen ist.

Im Rahmen dieses Übungsbuchs konzentrieren wir uns auf das Erlernen des europäischen Spanischs. Sicherlich werden Sie sich fragen, worauf Sie sich beim Erlernen der Sprache einstellen sollten. Aus diesem Grund finden Sie nachfolgend eine Auflistung der Aspekte, die Sie verhältnismäßig schnell erlernen, und derer, die etwas mehr Anstrengungen erforderlich machen:

Hinweis: In diesem Buch finden Sie an verschiedenen Stellen QR-Codes, die Sie zu Audiodateien führen. Falls Sie keine Möglichkeit haben, diese zu scannen, können Sie alle Dateien auch über diesen Link finden: https://bit.ly/48vgEOX

Einfache Lerninhalte:	**Komplexere Lerninhalte**
• die Konjugation der regelmäßigen Verben • das Erlernen der meisten Zeitformen • die Verwendung der Artikel „el“ und „la“	• die Verwendung von Präpositionen • die Zeitformen indefinido und imperfecto • das Erlernen unregelmäßiger Verben

Wie lange Sie brauchen werden, um ein gutes Sprachniveau zu erreichen, hängt hierbei vor allem maßgeblich davon ab, wie intensiv Ihre Lernbemühungen verlaufen, aber auch davon, welche Sprachkenntnisse Sie außerdem aufweisen. Für Anfänger gilt dabei grundlegend, dass der Grundwortschatz durch das Training von Vokabeln erlernt wird sowie die Grammatik in den Grundzügen verstanden wird, damit sie zur Anwendung gebracht werden kann. Selbst wenn das Auswendiglernen von Vokabeln von vielen Menschen als leidiges Thema betrachtet wird, führt hieran kein Weg vorbei. Hier sollten Sie sich jedoch auch vor Augen führen, dass das bloße Auswendiglernen für das Erlernen einer Sprache nicht zielführend ist. Daher zielt dieses Übungsbuch auf das praxisnahe Erlernen sowie eine sofortige Verwendung der Sprache ab. Gerade für den Beginn ist es wichtig, dass Sie sich einen Grundwortschatz aneignen, den Sie stetig erweitern. Daneben ist das Grundverständnis für die spanische Grammatik entscheidend für den Lernerfolg. Mithilfe dieses Verständnisses lernen Sie, die Sprache besser zu verstehen, und sind in der Lage, Sätze eigenständig zu formulieren oder Gespräche zu führen.

Zu den wichtigsten Aspekten der Grammatik gehören hierbei

- die **Konjugation** der regelmäßigen und unregelmäßigen Verben,
- die **Zeitformen**,
- der **Aufbau** des spanischen Satzes sowie
- die **Verwendung** von „**ser**“ und „**estar**“ (Äquivalent zum deutschen Verb „sein“).

Auch wenn das Erlernen der spanischen Sprache nicht von heute auf morgen gelingt – mithilfe der vielen, praxisnahen Übungen und viel Spaß an der Sprache fällt Ihnen das Spanischlernen kinderleicht!

Checkliste für die bearbeiteten Themen

Nachfolgend finden Sie eine Übersicht über die Themen dieses Übungsbuches. Nachdem Sie ein Thema bearbeitet haben, können Sie dieses mithilfe der Checkliste abhaken. So behalten Sie Ihren Lernfortschritt immer gut im Blick.

☐ **Grundlagen der spanischen Sprache**
☐ Die Aussprache
☐ Die Grundregeln der Betonung im Spanischen
☐ Die Rechtschreibung

☐ **Lektion 1: Substantive, Artikel und Pluralbildung**
☐ Der bestimmte Artikel
☐ Bildung des Plurals – der bestimmte Artikel
☐ Der unbestimmte Artikel
☐ Bildung des Plurals – der unbestimmte Artikel
☐ Das Weglassen des Artikels
☐ Der sächliche Artikel lo
☐ Das Substantiv im Spanischen

☐ **Lektion 2: Die Verben im Spanischen**
☐ Die Konjugation im Präsens
☐ Die reflexiven Verben
☐ Die unterschiedlichen Modi des Verbs
☐ Unregelmäßige Verben
☐ Die Unterscheidung von ser und estar

☐ **Lektion 3: Adjektive und Adverbien**
☐ Adjektive im Spanischen
☐ Adverbien im Spanischen

☐ **Lektion 4: Die Zeiten der spanischen Grammatik**

☐ Das Zeitsystem im Deutschen

☐ Die Bildung des el presente

☐ Die Bildung des pretérito imperfecto

☐ Die Bildung des pretérito indefinido

☐ Unterschiede der Vergangenheitsformen pretérito imperfecto und pretérito indefinido

☐ Die Bildung des el futuro

☐ **Lektion 5: Satzbildung, Fragesätze und Verneinung**

☐ Die Satzkonstruktion

☐ Die Konstruktion von Fragesätzen

☐ Die Verneinung

☐ **Lektion 6: Wortschatz und mehr**

☐ In der Stadt

☐ Die Wochentage, Monate und Jahreszeiten

☐ Reisen

☐ Sport

☐ Kleidung

☐ Lebensmittel

☐ **Lektion 7: Leseverständnis**

☐ Kurzgeschichten

Grundlagen der spanischen Sprache

DIE AUSSPRACHE

Als Anfänger ist die richtige Aussprache – neben dem Wortschatz – einer der grundlegendsten Faktoren für das Erlernen der spanischen Sprache. Die spanische Sprache orientiert sich dabei stark an der tatsächlichen Schreibweise der jeweiligen Wörter. Das Erlernen der Aussprache ist daher deutlich leichter als beispielsweise die der englischen Sprache. Grundsätzlich gilt:
Wörter werden gesprochen, wie sie geschrieben stehen!

Achtung Ausnahme: Auch hier gibt es jedoch natürlich Besonderheiten und Ausnahmen. Bevor wir auf diese eingehen, lohnt sich an dieser Stelle zunächst ein Blick auf das spanische Alphabet.

Audiodatei 1
Aussprache

Buchstabe	Name	Aussprache
A, a	a	wie das deutsche „A“
B, b	be	wie das deutsche „B“
C, c	ce	wie das deutsche „K“ oder das englische „th“
Ch, ch	che	„tsche“
D, d	de	wie das deutsche „D“ (leicht gelispelt)
E, e	e	wie das deutsche „E“
F, f	efe	wie das deutsche „F“
G, g	ge	wie das deutsche „G“ (oder der deutsche ch-Laut)
H, h	hache	Dieser Buchstabe bleibt stumm und wird nicht gesprochen.
I, i	i	wie das deutsche „I“
J, j	jota	wie das deutsche „CH“
K, k	ka	wie das deutsche „K“
L, l	ele	wie das deutsche „L“
Ll, ll	elle	wie das deutsche „J“
M, m	eme	wie das deutsche „M“

N, n	ene	wie das deutsche „N"
Ñ, ñ	eñe	„nj" Beispiel für ein Wort im Deutschen: Champignon
O, o	o	wie das deutsche „O"
P, p	pe	wie das deutsche „P"
Q, q	ku	wie das deutsche „K"
R, r/rr	erre / erre doble	kein Pendant im Deutschen, gerolltes „R"
S, s	ese	wie das deutsche „S" oder „ß"
T, t	te	wie das deutsche „T"
U, u	u	wie das deutsche „U"
V, v	uve	wie das deutsche „B"
W, w	uve doble	wie das deutsche „wh" Beispiel für ein Wort im Deutschen: Whiskey
X, x	equis	wie das deutsche „X"
Y, y	i griega	wie das deutsche „I"
Z, z	zeta	wie das englische „th"

In seinen Grundzügen unterscheidet sich das spanische Alphabet, wie Sie sehen konnten, nur wenig vom deutschen Alphabet. Es hat dieselbe Anzahl von Buchstaben und wird nur durch drei weitere Sonderbuchstaben,

- „che" [ʧe],
- „ll" [doble ele] und
- „ñ" [ˈeɲe],

ergänzt.

Auch wenn es in der Auflistung der Buchstaben aufgeführt wird, stellt das doppelte „RR" keinen Sonderbuchstaben dar, da sowohl das einfache „R" als auch das doppelte „R" denselben Laut erzeugen können.

Anders als im Deutschen wird Innerhalb der spanischen Sprache nicht zwischen unterschiedlich *langen* Vokalen unterschieden, sondern zwischen *starken* und *schwachen*.

- Als starke Vokale gelten im Spanischen A, E und O. Ihre Laute verändern sich nie.
- Schwache Vokale hingegen sind I und U. Ihre Laute können sich verändern.

Das bedeutet, die Aussprache von I und U ist davon abhängig, in welcher Buchstabenkombination sie auftreten. Während der Vokal I also in einigen Fällen wie J klingen kann, bleibt U hingegen in Einzelfällen stumm.

Die Unterscheidung in starke und schwache Vokale ist vor allem dann wichtig, wenn zwei Vokale aufeinandertreffen, also bei **Diphthongen.** Wenngleich im Deutschen Diphthonge lang gesprochen werden, wird im Spanischen jeder Vokal einzeln gesprochen.

Beispiele:	
Deutsch	Spanisch
ie → lieb ei → klein eu → freuen	ue → la puerta [ˈpwerta] = die Tür ui → ¡Cuidado! [kwiðaðo]= Achtung! ie → el cielo [θjelo] = der Himmel

Die spanischen Konsonanten klingen in aller Regel ähnlich wie die Konsonanten im Deutschen. Dies können Sie auch der oben aufgeführten Tabelle entnehmen. Dennoch kann sich die Aussprache ändern, je nachdem, welcher Vokal auf einen Konsonanten trifft. Hierzu schauen wir uns die Besonderheiten einmal genauer an:

Das C

Wenn auf ein C die Vokale I oder E folgen, spricht man es wie das englische TH aus. Folgen auf das C die Vokale A, O oder U – oder aber ein anderer Konsonant (aller außer H) –, wird es wie das deutsche K ausgesprochen.

Beispiele:	**Aussprache**	**Übersetzung:**
Spanisch		**Deutsch**
A Miguel le gustan las cerezeas	[A migel le gustan las seresas.]	Miguel mag Kirschen.
En mi clase hay una chica que se llama Carina.	[En mi clase aj una tschika ke se jama Carina.]	In meiner Klasse gibt es ein Mädchen, das Carina heißt.

Merke:
C + I/E = englisches TH
C + A/O/U oder anderer Konsonant außer H = K

Das D

Wie das D ausgesprochen wird, kommt auf seine Position im Wort an. Steht es am Anfang eines Wortes, wird es wie das D im Deutschen ausgesprochen. Befindet es sich innerhalb eines Wortes, ist die Aussprache weicher und klingt bei Muttersprachlern fast schon gelispelt. In diesem Fall wird das D zwischen den Zähnen ausgesprochen. Steht das D hingegen am Ende eines Wortes, verschwindet es bei der Aussprache nahezu gänzlich.

Beispiele:	**Aussprache**	**Übersetzung:**
Spanisch		**Deutsch**
¿Adónde fuiste de vacaciones el año pasado, Manuel?	[A donde fuiste de basiones el anjo pasado Manuel.]	Wohin seid ihr letztes Jahr in den Urlaub gefahren, Manuel?
El año pasado fui a Múnich con mi tía.	[El anjo pasado fui a Munik con mi tia.]	Im letzten Jahr bin ich mit meiner Tante nach München gefahren.

In diesem Beispiel wird das erste D „dónde" wie im Deutschen ausgesprochen. Im Wort „pasado" ist das D deutlich weicher in der Aussprache, bei „Madrid" hört man das letzte D kaum.

Merke:
D am Anfang des Wortes = wie das deutsche D
D mitten im Wort = weiches D, leicht gelispelt, D wird zwischen den Zähnen ausgesprochen
D am Ende des Wortes = kaum hörbar, wird weggelassen

Das G, GU und Ü

Auch für die Betonung des Konsonanten G ist es entscheidend, auf welche Vokale der Buchstabe trifft. Vor den Vokalen A und O sowie vor anderen Konsonanten wird das G im Spanischen äquivalent zum Deutschen ausgesprochen. Vor I und E hingegen wird das G wie ein CH-Laut gesprochen.

Achtung Ausnahme:
Darüber hinaus gibt es Ausnahmen, in denen das G trotz der Vokale E und I wie in der deutschen Sprache gesprochen wird. Zwischen dem H und dem Vokal wird in diesen Fällen ein stummes U gebildet.

Beispiele:	**Aussprache**	**Übersetzung**
Spanisch		**Deutsch**
¿Tu sabes tocar la guitarra?	[Tu sabes tokar la gitara?]	Du kannst Gitarre spielen?
Ay, ¡qué generoso!	[Aj, ke generosso!]	Oh, wie großzügig!

In einigen Wörtern steht das U vor einem E und soll ausgesprochen werden: Das bedeutet, hier wird das U zu einem Ü, im Spanischen „U con diéresis". Die Punkte auf dem Ü sind lediglich ein Indikator dafür, dass das U vollständig ausgesprochen werden soll.

Achtung Ausnahme:
Dieses Ü wird nicht wie das deutsche Ü ausgesprochen. Vielmehr sprechen Sie es wie ein U aus.

Beispiele:	**Aussprache**	**Übersetzung**
Spanisch		**Deutsch**
Esta cómoda es una antigüedad. [gesprochen: antig-u-edad].	[Este comoda es una antiguedad.]	Diese Kommode ist eine Antiquität.

Merke:
vor den Vokalen A und O sowie vor anderen Konsonanten = wie das dt. G
vor I und E = CH-Laut
Achtung Ausnahme: G wird trotz E und I wie das dt. G ausgesprochen; zwischen H und Vokal steht ein stummes U.

Das ll

Das doppelte l wird im Spanischen wie ein „lj" ausgesprochen. Das l geht dabei fast vollständig in der Betonung unter. Die Aussprache erinnert stark an das deutsche Wort „Familie".

Beispiele	Aussprache	Übersetzung
Spanisch		**Deutsch**
la botella	[la boteja]	die Flasche
llamar	[jamar]	heißen / anrufen

Merke:
ll wird im Spanischen zu lj.

Das ñ

Das ñ wird wie ein „nj" ausgesprochen. Deutsche Äquivalente hierzu sind beispielsweise die Worte „Champagner" oder „Champignon".

Beispiele	Aussprache	Übersetzung
Spanisch		**Deutsch**
mañana [gesprochen: manjana]	[manjana]	Morgen

Merke:
ñ = nj

Das R und RR

Zu den größten Herausforderungen gehört im Spanischen das gerollte „R". Dieses bereitet den meisten Lernenden Schwierigkeiten. Das liegt vor allem daran, dass das deutsche R in der Kehle gebildet wird. Spanischsprachige hingegen versetzen bei der Aussprache des R die Zungenspitze in Vibration. Während das einfache R, wenn es sich im Inneren des Wortes befindet, nur durch eine Vibration am Gaumen gebildet wird, wird das RR oder auch doppelte R durch mehrfache Vibration am Gaumen gebildet.

Merke:
RR = Bildung in der Kehle, Zungenspitze vibriert
R = wird nur durch Vibration am Gaumen gebildet, wenn es sich im Inneren eines Wortes befindet

Das S

Das S wird im Spanischen in aller Regel wie das scharfe S (ß) in der deutschen Sprache ausgesprochen. Taucht das S vor den Konsonanten b, d, g, l, m und n auf, erfolgt eine normale S-Aussprache.

Beispiele	**Aussprache**	**Übersetzung**
Spanisch		**Deutsch**
¿A dónde vas?	[A donde bas?]	Wohin gehst du?
Voy a casa de mi mejor amigo.	[Boi a casa de mi mechor amigo.]	Ich gehe zum Haus meines besten Freundes.

Merke:
S = wie das scharfe ß im Deutschen
S vor Konsonanten b, d, g, l, m und n = normale s-Aussprache

Das V und das B

Das V wird im Spanischen wie ein weiches B ausgesprochen. Beide Buchstaben – V und B – sind in ihrer Aussprache überwiegend nicht zu unterscheiden. Spanische Muttersprachler würden überwiegend sogar behaupten, dass sie genau den gleichen Laut aussprechen, egal, ob das Wort mit V oder W geschrieben wird. Steht das B am Anfang eines Wortes oder nach einem M oder N, wird es wie ein deutsches hartes B ausgesprochen. Beispiel: El burro = der Esel, gesprochen: El burro. In allen anderen Fällen wird das B weich gesprochen, fast wie ein V. Beispiel: La habitación = das Zimmer, gesprochen: la avitaßion. Das B ist im Deutschen ein sogenannter bilabialer Konsonant. Bilabiale Konsonanten sind solche, die mit beiden Lippen ausgesprochen werden, im Deutschen beispielsweise B, P oder M. Das deutsche V wiederum ist ein sogenannter labiodentaler Laut. Das bedeutet, es handelt sich um einen Konsonanten, der mit Lippe und Zähnen gesprochen wird. Im Deutschen betrifft dies neben dem V beispielsweise auch das F. Im Spanischen sind B und V bilabiale Konsonanten, das heißt, sie werden mit beiden Lippen gesprochen. Daher klingt das V in vielen Fällen wie ein deutsches B. Beispiel: Valencia, gesprochen Balenzia. Jedoch wird der Laut wesentlich weicher erzeugt als im Deutschen. Dies kann man üben, indem man die Lippen nicht ganz so fest aneinanderpresst wie im Deutschen. Vielmehr werden sie sanft aneinandergelegt, teilweise gar nicht ganz geschlossen, um den Laut auszusprechen. Der Buchstabe wird eher angehaucht als hart ausgesprochen.

Zusammengefasst bedeutet das:

Sofern das B am Anfang des Wortes oder vor einem M oder N steht, wird es hart ausgesprochen, so wie im Deutschen. In allen anderen Fällen werden B und V wie ein weiches B gesprochen. In manchen Dialekten hört sich das V noch weicher an. Es wird dann wie der deutsche labiodentale (mit den Lippen und Zähnen gebildete) Konsonant ausgesprochen (fau). Das hat sich im Laufe der Zeit durch die Einflüsse anderer Sprachen und Regiolekte entwickelt. Dieser Unterschied ist beispielsweise in wenigen spanischen Städten und in einigen Regionen Amerikas zu hören.

Beispiele	Aussprache	Übersetzung
Spanisch		**Deutsch**
Valencia	{Balenzia]	Valencia
el vaso	[el baso]	das Glas
el avión	[el abion]	das Flugzeug
viajar	[biachar]	Reisen
visitor	[bisitar]	besuchen / besichtigen

Merke:
V = wie ein weiches B

Das Y

Das Y wird im spanischen Sprachgebrauch wie ein leichtes I betont. Dies gilt dann, wenn es hinter anderen Vokalen auftritt. Tritt es vor anderen Vokalen auf, wird es wie ein J gesprochen.

Beispiel	Aussprache	Übersetzung
Spanisch		**Deutsch**
¿Ya has hecho tu deberes?	[Ja has echo tu deberes?]	Hast du deine Hausaufgaben schon gemacht?
Elena está leyendo un libro.	[Elena está lejendo un libro.]	Elena liest gerade ein Buch.

Merke:
Y = leichtes I
Y vor anderen Vokalen = J

Das Z

Das Z wird im Spanischen wie das englische TH ausgesprochen. Zudem gibt es beim Buchstaben Z eine weitere Besonderheit aus orthografischer Sicht: Nach dem Buchstaben Z folgt kein E und kein I. Ergibt sich aus der Schreibweise dieser Fall, wird das Z durch ein C ersetzt.

Achtung Ausnahme:

Beispiel	**Aussprache**	**Übersetzung**
Spanisch		**Deutsch**
el zebra	[el sebra]	das Zebra

Merke:
Z = wie das englische TH
nach Z folgt kein E und I; einzige Ausnahme „el zebra"

Beim Erlernen der spanischen Sprache treten immer wieder Fehler auf, die für deutsche Lerner typisch sind. Damit diese Ihnen nicht passieren, sollten Sie die nachfolgenden Fehler kennen:

Zu den typisch deutschen Lauten, die Schwierigkeiten bei der Aussprache verursachen können, gehören die Laute t, g, j und r. Vorweg: Auch wenn Sie diese Laute nicht korrekt aussprechen, wird der Spanier keine Probleme haben, Sie zu verstehen.

Das deutsche r

Beim Sprechen macht uns das r häufig Schwierigkeiten. Das liegt daran, dass wir es gewohnt sind, das r im hinteren Bereich unseres Gaumens, nämlich am Gaumensegel, zu bilden. Anders als das deutsche r wird das spanische r gebildet, wenn die Zunge an die Schneidezähne des Oberkiefers schlägt. Hier spricht man daher auch vom rollenden r.

Beispiel:
Trabajar [drabachar] arbeiten

Das deutsche t

Bei der Aussprache des t im Deutschen strömt Luft aus unseren Lippen aus. Der Spanier hingegen betont das t anders. Es ist nicht aspiriert. In der Aussprache klingt das t daher weicher als im deutschen Sprachgebrauch.

Beispiel:		
todo	[dodo]	alles

Die Kombination von j und g

Je nachdem, in welcher Kombination die Buchstaben j und g im Spanischen auftreten, werden sie anders ausgesprochen. Der Laut ist dabei immer ch, klingt jedoch etwas anders. Zum Verständnis an einem Beispiel:

Beispiel:		
Jaime (Name)	[Chaime]	Vorname, ch-Laut klingt wie das ch im deutschen Wort „Bach"
gitano	[chitan0]	Zigeuner, ch-Laut klingt wie im deutschen Wort Aachen

Auch wenn es wenige Ausnahmen gibt, orientiert sich die spanische Aussprache im Wesentlichen an der Schreibweise der jeweiligen Wörter. Wenn Sie sich also die wichtigsten Merkmale für die Aussprache merken und diese verinnerlichen, sind Sie für die Aussprache bestens gewappnet. Was Sie hierzu bei der Betonung beachten sollten, erfahren Sie im nachfolgenden Kapitel.

Übung zur Aussprache

Übungen, die Sie in den nachfolgenden Kapiteln finden, müssen Sie nicht sofort umsetzen. Sie können sich diese auch aufsparen, bis Sie das Lehrbuch durchgearbeitet haben und über mehr Wissen verfügen.

Üben Sie anhand der nachfolgenden Begriffe und der Hinweise zur Aussprache die korrekte Aussprache der jeweiligen Worte. Tragen Sie in die Lücken die korrekte Aussprache ein, hören Sie sich im Anschluss die Lösung an und versuchen Sie, diese nochmals nachzusprechen.

¿A dónde fuiste de vacaciones el año pasado, Miguel?	
El año pasado fui a Madrid con mi familia.	
la Puerta	
cuidar	
el Cielo	
la cerezea	
una chica	
la clase	
¿Tu sabes tocar la guitarra?	
Ay, ¡qué generoso!	
Este libro es una antigüedad [gesprochen: antig-u-edad].	
la botella	
llamar	
¿Ya has hecho tu deberes?	
Estoy leyendo un libro.	
el zebra	
Valencia	
el vaso	
el avión	
viajar	
visitor	
¿A dónde vas?	
Voy a casa de mi abuelo.	
mañana [gesprochen: manjana]	

Die Lösungen zu dieser Aufgabe finden Sie am Ende des Kapitels in einem separaten Lösungskapitel.

Die Grundregeln zur Betonung im Spanischen

Neben den Besonderheiten hinsichtlich der Aussprache der Buchstaben gibt es im Spanischen die Betonung ohne Akzent und mit Akzent. Hier gelten für die Betonung *ohne* Akzent grundlegend nur zwei Regeln hinsichtlich der Aussprache:

Regeln zur Betonung ohne Akzent

- Enden Wörter auf Konsonanten, werden sie auf der letzten Silbe betont.

Achtung Ausnahme: Hier stellen die Konsonanten N und S die einzige Ausnahme dar.

Beispiele:

la ciudad	die Stadt
volver	zurückkommen
el hotel	das Hotel

- Wörter, die auf N oder S enden, werden von Ihnen bei der Aussprache auf der vorletzten Silbe betont.

Beispiele:

el camino	der Weg
hablar	sprechen
nosotros	wir
joven	jung

Zu den Akzenten können Sie sich merken, dass diese von den Diphthongen abhängig sind. Das bedeutet, es kommt darauf an, ob sie aus starken oder schwachen Vokalen oder aus zwei schwachen Vokalen gebildet werden. Danach entscheidet sich, ob ein Akzent gesetzt wird oder nicht. Hier gilt die folgende Regel:

Regeln für die Aussprache mit Akzent

- Wird ein Diphthong aus zwei schwachen Vokalen gebildet, platzieren Sie den Akzent für die korrekte Schreibweise auf dem zweiten Vokal.

Beispiele:

el acuífero	der Grundwasserleiter

- Bildet ein Wort ein Diphthong, der sich aus einem starken und einem schwachen Vokal zusammensetzt, wird der starke Vokal betont und der Akzent sitzt auf diesem.

Beispiele:

después	nach
el canción	das Lied

Weicht die Betonung eines Wortes von den obigen Regeln ab, wird ein Akzent gesetzt.

Beispiele:

Spanisch	**Deutsch**
el **ár**bol	der Baum
la situaci**ón**	die Situation
cómodo	Bequem
fácil	Einfach
di**fí**cil	Schwierig

Darüber hinaus wird ein Akzent gesetzt, wenn Wörter in einer Frage zu Fragewörtern werden.

Beispiele:	
Spanisch	**Deutsch**
¿Qué?	Was? (oder auch: Welche?, Welcher?, Welches?)
¿Quién?	Wer?
¿Cómo?	Wie?
¿Cómo?	Wo?
¿De dónde?	Woher?
¿A dónde?	Wohin?
¿Por qué?	Warum?
¿Cuándo?	Wann?
¿Cuántos? / ¿Cuántas?	Wie viel? Wie viele?
¿Cuál? / ¿Cuáles?	Welcher? Welches? Welche?

Im Allgemeinen werden spanische Wörter auf der vorletzten Silbe betont, sofern keine der obigen Regeln zutrifft. Nebstdem existieren im spanischen Sprachgebrauch Wörter, die die gleiche Schreibweise aufweisen, jedoch durch einen vorhandenen bzw. nicht vorhandenen Akzent eine unterschiedliche Bedeutung aufweisen. Dabei hat der Akzent nicht nur eine Wirkung auf die Betonung und Aussprache, sondern auch auf die Bedeutung.

Beispiele:

Wort	**Bedeutung mit Akzent**	**Bedeutung ohne Akzent**
aún / aun	immer noch	sogar / obwohl
dé / de	Subjuntivo (Zeitform) des Verbs „dar“	Präposition: von / aus
tú / tu	du	dein / deine
té / te	Tee	dir
sí / si	ja	wenn / falls / ob
él / el	er	der männliche bestimmte Artikel
sé / se	Imperativ (Befehlsform) des Verbs „ser“	Reflexivpronomen: sich
más / mas	mehr	aber
mí / mi	mir / mich	mein

Regel für das Setzen von Akzenten
Abgesehen von der obigen Auflistung können Sie sich für die spanische Sprache merken, dass einsilbige Wörter in aller Regel keinen Akzent aufweisen.

Ganz grundsätzlich sollten Sie sich für die Betonung im Spanischen einprägen, dass Wörter auf der Silbe betont werden, die den Akzent trägt. In der spanischen Sprache sitzen Akzente immer nur auf Vokalen. Darüber hinaus gibt es einige Fälle, in welchen sich die Betonung von Silben verändern kann. Das ist beispielsweise der Fall, wenn durch die Pluralbildung Silben hinzukommen. Hier kann sich die Betonung verschieben.

Beispiel:

Spanisch		**Deutsch**
Einzahl	Plural	
alemán	alemanes	Deutsch / Deutsche

Für die Betonung kann es regional Unterschiede geben. So werden bestimmte Wörter in Spanien anders betont als beispielsweise in Lateinamerika. Die einzelnen Wörter bleiben dennoch verständlich.

Auf einen Blick:

Die Betonung im Spanischen

- Wörter, die auf Konsonanten enden, werden auf der letzten Silbe betont. Hier stellen die Konsonanten N und S die einzige Ausnahme dar
- Enden Wörter auf N oder S, werden sie auf der vorletzten Silbe betont.
- Im Allgemeinen werden spanische Wörter auf der vorletzten Silbe betont.
- Wenn ein Diphthong aus zwei schwachen Vokalen gebildet wird, sitzt der Akzent auf dem zweiten Vokal.
- Bildet ein Wort einen Diphthong aus einem starken und einem schwachen Vokal, liegt die Betonung auf dem starken Vokal und der Akzent sitzt auf diesem.
- Außerdem wird ein Akzent gesetzt, wenn Wörter in einer Frage zu Fragewörtern werden.
- Einsilbige Wörter weisen in aller Regel keinen Akzent auf.
- Kommen bei der Pluralbildung Silben hinzu, kann es vorkommen, dass sich die Betonung verschiebt.

Übung zur Betonung

Welche Regel gilt? Ordnen Sie die nachfolgenden Regeln jeweils den entsprechenden Worten zu.

Regel 1
Das Wort wird auf der vorletzten Silbe betont, da es auf einen Vokal oder die Konsonanten N oder S endet. Es wird kein Akzent gesetzt.

Regel 2
Das Wort endet auf einen Konsonanten (außer N oder S) und wird daher auf der vorletzten Silbe betont. Es wird ein Akzent gesetzt.

Regel 3
Das Wort endet auf einen Konsonanten (außer N oder S) und wird auf der letzten Silbe betont. Es wird kein Akzent gesetzt.

Regel 4
Das Wort endet auf einen Konsonanten oder N oder S und wird auf der letzten Silbe betont. Es wird ein Akzent gesetzt.

Wort	Regel
la casa (das Haus)	
fácil (einfach / leicht)	
el árbol (der Baum)	
el calor (die Hitze)	
el arroz (der Reis)	
la condición (die Verfassung / die Kondition / der Zustand)	

Die Lösungen zu dieser Aufgabe finden Sie am Ende des Kapitels in einem separaten Lösungskapitel.

Die Rechtschreibung

In der spanischen Sprache werden Wörter grundsätzlich klein geschrieben. Hier ähnelt das Spanische daher stark dem Englischen. Die Kleinschreibung gilt dabei auch für Substantive (Hauptwörter). Dennoch gibt es auch Parallelen zum Deutschen. So werden beispielsweise Satzanfänge und Eigennamen großgeschrieben. Darüber hinaus hat das Spanische einen weiteren Vorteil: Die meisten Wörter werden so geschrieben, wie sie gesprochen werden. Im Vergleich zur deutschen Sprache ist die spanische Sprache hinsichtlich ihrer Rechtschreibung wesentlich regelmäßiger und damit deutlich einfacher. Die Regeln für die korrekte Schreibweise hinsichtlich der Platzierung von Akzenten kennen Sie bereits. Nun fragen Sie sich sicherlich, welche Rechtschreibregeln es für das Spanische im Detail gibt. Hierzu betrachten Sie die nachfolgenden Regeln:

Regeln für die Rechtschreibung im Spanischen

- Satzanfänge werden großgeschrieben.

Beispiel:	
Tengo veintiséis años.	Ich bin 26 Jahre alt.

- Eigennamen schreiben Sie groß. Hierzu zählen neben Vornamen auch Familiennamen, Ortsnamen, der Name von Schul- und Studienfächern sowie Namen von öffentlichen Einrichtungen.

Beispiele:	
Vivo en Madrid – en el Retiro.	Ich lebe in Madrid – im Stadtviertel Retiro.
París es la capital de Francia.	Pairs ist die Hauptstadt von Frankreich.
Miguel trabaja en el Banco de España.	Miguel arbeitet in der spanischen Zentralbank.
Soy un gran fan de Cristiano Ronaldo.	Ich bin ein großer Fan von Cristiano Ronaldo.

- Fragesätze beginnen in der Regel mit einem Satzzeichen. Dann wird der Satzanfang großgeschrieben. **Aber Achtung!** Taucht die Frage innerhalb des Satzes auf, wird nach dem Satzzeichen kleingeschrieben.

Beispiele:	
¿Cuál pantalón te gusta más?	Welche Hose gefällt dir besser?
Me gustariá saber ¿cuál chaqueta te gusta más?	Ich würde gerne wissen, welche Jacke dir besser gefällt?

• Im Anschluss an Anreden in Briefen steht im Spanischen meist ein Doppelpunkt. Nachdem Doppelpunkt schreiben Sie groß.

Beispiel:

Estimado Miguel: Ha pasado mucho ...	Lieber Miguel, viel Zeit ist tiempo vergangen ...

• Anreden können im Spanischen abgekürzt werden. „Señor" wird dabei gängig mit „Sr." (Herr) und „usted /ustedes (Plural)" mit „Ud." (Sie) abgekürzt. Diese Anreden werden großgeschrieben, wenn sie abgekürzt werden. Werden sie ausgeschrieben, schreibt man sie klein.

Beispiele:

Nuestro profesor nuevo se llama Sr.	Unser neuer Professor Manuel. heißt Herr Manuel.
Esto es lo que ustedes debe hacer para abrir una cuenta.	Das ist das, was Sie tun müssen, um ein Konto zu eröffnen.

• Die Namen der Wochentage, Monate, Nationalitäten und Jahreszeiten werden kleingeschrieben.

Beispiele:

Miguel hace una fiesta el sábado.	Miguel gibt am Samstag eine Party.
En julio vamos a vacaciones.	Im Juli fahren wir in den Urlaub.
Nina es alemán.	Nina ist Deutsche.

• Hauptwörter wie Personen, Städte, Länder sowie Naturbezeichnungen von Bergen und Flüssen werden großgeschrieben.

Beispiele:

el Río Amazonas	der Amazonas
los Alpes	die Alpen
el País Vasco	das Baskenland
Alemania	Deutschland

• Eigennamen von Institutionen werden ebenfalls großgeschrieben.

Beispiele:

E Oficina de Atención planea cambios legales.	Das Bürgeramt plant gesetzliche Veränderungen.
el Presidente	der Präsident
Para ser Presidente se require lo siguiente.	Um Präsident zu werden, gilt das Nachfolgende.

- Auch die Namen von Heiligen sowie religiöse Bezeichnungen werden großgeschrieben.

Beispiele:

la Iglesia	die Kirche
la Virgen	die Jungfrau (Maria)
Dios	Gott

Auch wenn offiziell für die Groß- und Kleinschreibung innerhalb der spanischen Sprache feste Regeln existieren, werden diese von den Spaniern nicht immer befolgt. Abweichungen sind daher durchaus üblich.

Weitere Regeln ergeben sich mit Blick auf die Dopplung von Buchstaben bei der korrekten Schreibweise. Hierzu sollten Sie sich den nachfolgenden Namen als Eselsbrücke einprägen:

CaRoLiNa

Die in diesem Vornamen groß geschriebenen Buchstaben, C, R, L, N, sind die einzigen, die innerhalb der spanischen Sprache doppelt auftreten können. Sollten Sie sich daher einmal unsicher sein, können Sie sich diesen Merksatz ins Gedächtnis rufen. Wann und ob ein Buchstabe gedoppelt wird, können Sie dabei in der Regel an der Aussprache des Wortes erkennen. Hierzu ein paar Beispiele für Dopplungen:

Beispiele:

Spanisch	**Deutsch**
el accento	der Akzent
la acción	die Aktion
el diccionario	das Wörterbuch
la guerra	der Krieg
corregir	Korrigieren
la lluvia	der Regen
llorar	regnen / weinen
el cannabis	der Cannabis
Innumerable	Unzählige

Wie Ihnen sicherlich aufgefallen ist, werden Fragen und Ausrufesätze im Spanischen anders gekennzeichnet als im Deutschen.

Eine Frage in der spanischen Sprache beginnt mit einem ¿ und endet mit ?. Für eine Aussage oder einen Ausruf werden ¡ und ! verwendet, um diese Aussagen zu markieren.

Doppelpunkte, Punkte und Kommas sowie Strichpunkte werden äquivalent zum Deutschen verwendet.

Beispiele:	
Spanisch	**Deutsch**
¿Puede repetirlo, por favor?	Können Sie das wiederholen, bitte?
¡Socorro!	Hilfe!

Daneben ergeben sich weitere Besonderheiten hinsichtlich der Interpunktion: Im Spanischen werden die Anführungszeichen immer oben gesetzt. Für einen besseren Überblick finden Sie nachfolgend die Satzzeichen sowie ihre Benennung im Spanischen.

Satzzeichen:		
Satzzeichen	**Spanisch**	**Deutsch**
.	punto	Punkt
...	puntos suspensivos	Auslassungspunkte
,	coma	Komma
;	punto y coma	Semikolon
:	dos puntos	Doppelpunkt
¡ !	signos de exclamación	Ausrufezeichen
¿ ?	signos de interrogación	Fragezeichen
( )	paréntesis	Klammern
-	guión	Bindestrich
–	guión largo	Gedankenstrich

Auf einen Blick:

Die Rechtschreibung im Spanischen

- In der spanischen Sprache werden Wörter grundsätzlich klein geschrieben.
- Die meisten Wörter werden so geschrieben, wie sie gesprochen werden. Das macht die korrekte Schreibweise besonders leicht.
- Satzanfänge und Eigennamen werden großgeschrieben.
- Frage- und Ausrufesätze beginnen mit einem Satzzeichen. Taucht das Satzzeichen im Satz auf, wird im Anschluss kleingeschrieben.
- Die Namen der Wochentage, Monate, Nationalitäten und Jahreszeiten werden kleingeschrieben.
- C, R, L und N sind die einzigen Buchstaben, die im Spanischen gedoppelt werden.

Übung zur Rechtschreibung

Verwenden Sie die korrekte Groß- und Kleinschreibung und tragen Sie diese in die rechte Spalte ein.

	Korrekte Schreibweise
tengo veintiséis años.	
vivo en madrid – en el retiro.	
madrid es la capital de españa.	
miguel trabaja en el banco de españa.	
soy un gran fan de cristiano ronaldo.	
¿cuál chaqueta te gusta más?	
me gustariá saber ¿cuál chaqueta te gusta más?	
estimado miguel: ha pasado mucho tiempo...	
nuestra profesora nueva se llama sra. ramos.	
esto es lo que usted debe hacer para abrir una cuenta.	
nina es alemán.	
en julio vamos a vacaciones. miguel hace una fiesta el sábado.	
el río amazonas	
los alpes	
el país vasco	
Alemania	
el gobierno planea cambios legales.	
el presidente	
para ser presidente se require lo si-guiente.	
la iglesia	
la virgen	
dios	

Die Lösungen zu dieser Aufgabe finden Sie nachfolgend.

Lösungen zu den Übungen

In diesem Kapitel finden Sie die Lösungen zu den Übungen der vorangegangenen Erläuterungen.

Übung zur Aussprache

Audiodatei 2
Aussprache Übung

¿A dónde fuiste de vacaciones el año pasado, Miguel?	**[A donde fuiste de bacasiones el anjo pasado Migel.]**
El año pasado fui a Madrid con mi familia.	[El anjo pasado fui a Madrid con mi familia.]
la Puerta	[la pu-erta]
cuidar	[kuidar]
el Cielo	[el sielo]
la cerezea	[la seresa]
una chica	[una tschika]
la clase	[la klase]
¿Tu sabes tocar la guitarra?	[Tu sabes tokar la gitara?]
Ay, ¡qué generoso!	[Aj, ke generosso!]
Este libro es una antigüedad [gesprochen: antig-u-edad].	[Este libro es una antiguedad.]
la botella	[la boteja]
llamar	[jamar]
¿Ya has hecho tu deberes?	[Ja has echo tu deberes?]
Estoy leyendo un libro.	[Estoi lejendo un libro.]
el zebra	[el sebra]
Valencia	{Balenzia]
el vaso	[el baso]
el avión	[el abion]
viajar	[biachar]
visitor	[bisitar]
¿A dónde vas?	[A donde bas?]
Voy a casa de mi abuelo.	[Boi a casa de mi abuelo.]
mañana [gesprochen: manjana]	[manjana]

Übung zur Betonung

Audiodatei 3
Betonung Übung

Wort	Regel
la casa (das Haus)	1
fácil (einfach / leicht)	2
el árbol (der Baum)	2
el calor (die Hitze)	3
el arroz (der Reis)	3
la condición (die Verfassung / die Kondition / der Zustand)	4

Übung zur Rechtschreibung

Tengo veintiséis años.
Vivo en Madrid – en el Retiro.
Madrid es la capital de España.
Miguel trabaja en el Banco de España.
Soy un gran fan de Cristiano Ronaldo.
¿Cuál chaqueta te gusta más?
Me gustariá saber ¿cuál chaqueta te gusta más?
Estimado Miguel: Ha pasado mucho tiempo...
Nuestra profesora nueva se llama Sra. Ramos.
Esto es lo que usted debe hacer para abrir una cuenta.
Nina es alemán.
En julio vamos a vacaciones.
Miguel hace una fiesta el sábado.
el Río Amazonas
los Alpes
el País Vasco
Alemania
El Gobierno planea cambios legales
el Presidente
Para ser Presidente se require lo siguiente.
la Iglesia
la Virgen
Dios

Lektion 1: Substantive, Artikel und ihre Pluralbildung

Ebenso wie in der deutschen Sprache werden Artikel im Spanischen vor das Substantiv (Nomen) gestellt. Allerdings existieren in der spanischen Sprache ausschließlich männliche und weibliche Artikel. Diese weisen Unterschiede im Singular (Einzahl) und Plural (Mehrzahl) auf.

Wie im Deutschen existieren also auch in der spanischen Sprache verschiedene Arten von Artikeln: der bestimmte (el, la / los, las) und der unbestimmte Artikel (un, una / unos, unas). Im Spanischen zeigt der Artikel das Geschlecht (Genus) eines Substantives an und ebenso, ob dieses im Singular oder Plural (Einzahl oder Mehrzahl) steht. Je nachdem, in welchen Kontexten die Verwendung stattfindet, wird dann der unbestimmte, der bestimmte oder gar kein Artikel verwendet. Hierzu erfahren Sie in den nachfolgenden Kapiteln mehr.

LA, EL, LAS, LOS – DIE BESTIMMTEN ARTIKEL

Der bestimmte Artikel wird im Spanischen auch als „artículo definido" bezeichnet.

der bestimmte Artikel	el artículo definido (auch: artículo determinado)

Der bestimmte Artikel wird im Spanischen verwendet, wenn Sie von etwas Bekanntem oder Bestimmtem sprechen oder berichten. Zu den bestimmten Artikeln gehören dabei im Spanischen die Artikel el und la in der Einzahl sowie los und las in der Mehrzahl.

	Der bestimmte Artikel	
	Männlich	**weiblich**
Singular (Einzahl)	el (der)	la (die)
Plural (Mehrzahl)	los	las

Der bestimmte Artikel richtet sich innerhalb des spanischen Sprachgebrauchs immer nach dem Geschlecht des Substantivs, vor dem Sie den Artikel anführen. Zu den Substantiven erfahren Sie im weiteren Verlauf der Kapitel noch mehr.

Beispiele für den bestimmten Artikel:

Geschlecht	**Singular**	**Plural**
Maskulin	**el** amigo (der Freund)	**los** amigos (die Freunde)
Feminin	**la** amiga (die Freundin)	**las** amigas (die Freundinnen)

Merke:
Der Artikel „el“ ist hier deutlich vom männlichen Personalpronomen der dritten Person Singular „él“ abzugrenzen und sollte im schriftlichen Sprachgebrauch nicht verwechselt werden.

Beispiel für die Verwendung des bestimmten Artikels

Artikel	**Spanisch**	**Deutsch**
BESTIMMT	La mujer es inteligente.	Die Frau ist intelligent.

Den bestimmten Artikel müssen Sie im spanischen Ausdruck nicht immer direkt vor das Nomen stellen. Steht beispielsweise ein Adjektiv vor dem Substantiv, das Sie in Ihrem Satz verwenden, positionieren Sie den bestimmten Artikel vor dem Adjektiv. Schauen Sie sich hierzu das nachfolgende Beispiel genauer an:

Beispiel:

Quiero probar el nuevo plato del menú.	Ich möchte das neue Gericht auf der Speisekarte probieren.
Este es el hermoso hombre.	Das ist der schönste Mann.

Achtung!
Der bestimmte männliche Artikel weist eine Besonderheit auf. Er verschmilzt im Satzkonstrukt mit den Präpositionen „a“ (nach, in, zu) und „de“ (von, aus).

In diesen Fällen gestaltet sich die Situation wie folgt:

Präposition	**Der bestimmte Artikel (männlich)**	**Verschmelzung zu**
a	+ el	= al
de	+ el	= del

Die Formulierung lautet dann entsprechend der nachfolgenden Beispiel-sätze:

Beispiele:	
Spanisch	**Deutsch**
Voy al restaurante. Voy (a + el →) al restaurante	Ich gehe ins Restaurant.
Vengo del cine. Vengo (de + el →) del cine.	Ich komme aus dem Kino.

Wann verwenden Sie also den bestimmten Artikel?

Sie verwenden ihn ...

- ... um die Uhrzeit anzugeben

Son las once y media.	Es ist halb zwölf.

- ... in Verbindung mit dem Verb „tocar", um zum Beispiel anzugeben, dass Sie ein Instrument spielen

Manuel toca la flauta.	Manuel spielt Flöte.

- ... bei der Verwendung nach spezifischen Verben

¿Juegas a la petanca?	Spielst du Boule?

- ... bei nicht zählbaren Substantiven

La lana de oveja es muy cara.	Schafswolle ist sehr teuer.

- ... um Personen mit Spitz- und Beinamen anzusprechen

Juana la Loca nació en Toledo.	Juana (Johanna) die Wahnsinnige ist in Toledo geboren.

Als Regel können Sie sich für den bestimmten Artikel daher Folgendes einprägen:

Verwendung des bestimmten Artikels im Spanischen – Regeln

- Der bestimmte Artikel findet immer dann Verwendung, wenn auf bestimmte Sachverhalte oder Personen Bezug genommen wird. Diese sind dem Zuhörer dann in aller Regel schon bekannt.

Beispiele:
Alejandro: „Me pongo los zapatos azules que me ha regalado mi padre."
(Alejandro: „Ich ziehe die blauen Schuhe an, die mir mein Vater geschenkt hat.")

El chico busca la mochila Negra.
(Der Junge sucht den schwarzen Rucksack.)

Die Bildung des Plurals – der bestimmte Artikel

Zu den Formen des Plurals zählen beim bestimmten Artikel die Formen „los" und „las". Los verwenden Sie für männliche Substantive, las für weibliche.

Beispiele:

Los hermanos comen los manzanas.	Die Brüder essen die Äpfel.
He olvidado mis zapatos.	Ich habe meine Schuhe vergessen.
Las pantalones son nuevas.	Die Hosen sind neu.
Las arbóles están en el parque.	Die Bäume stehen im Park.

Bei der Bildung des Plurals wird das an den Artikel gestellte Substantiv ebenfalls in den Plural gesetzt. Was bedeutet das? Bei der Verwendung des bestimmten Artikels im Plural wird dem Substantiv die Endung „s" angehängt.

Beispiel:
Las hermana**s** tienen dos hermanos.
(Die Schwestern haben 2 Brüder.)

Las playa**s** de Mallorca son bonitas.
(Mallorcas Strände sind wunderschön.)

Los libro**s** son viejos.
(Die Bücher sind alt.)

Los hermano**s** cuidan bien de su abuela.
(Die Brüder kümmern sich gut um ihre Oma.)

Merke:
Vor Wörtern, die mit betontem a oder ha beginnen, wird die Aussprache erleichtert. Dies geschieht, indem der eigentliche Artikel „la“ durch „ el“ ausgetauscht wird. Ihr Substantiv bleibt dabei weiterhin weiblich. Für die Adjektive, die Sie in Ihrem Satz verwenden, bedeutet dies, dass sie ebenfalls weiblich sein müssen.

Achtung Ausnahme:
Hiervon sind vor allem weibliche Substantive betroffen, die mit einem betonten a oder ha beginnen. Hier ist das Substantiv weiblich, der Artikel zur Vereinfachung der Aussprache jedoch männlich. Das heißt: Bei diesen Begriffen ändert sich im Singular der Artikel in „el“ und „un“, im Plural bleibt der Artikel nicht in diesem Geschlecht, sondern verändert sich.

Beispiele

Wortbedeutung Deutsch	**Singular**	**Plural**
das Wasser, die Gewässer	el agua un agua	las aguas unas aguas
die Axt	el hacha un hacha	las hachas unas hachas

Aber Achtung! Im Plural bleiben diese Artikel dennoch weiblich. Dies sehen Sie in der rechten Spalte des obigen Beispiels.

Es gibt jedoch zwei Ausnahmen: Spricht man von den Buchstaben A (a) und H (hache), bleibt der Artikel „la“: la a, la hache.

Was bedeutet das zusammengefasst?

Regeln für die Bildung des bestimmten Artikels im Plural

- Im Plural wird aus dem bestimmten Artikel „el" „los" (männlich).

Beispiel:

el hermano	der Bruder
los hermanos	die Brüder

- Aus dem weiblichen bestimmten Artikel „la" wird „las".

Beispiel:

la hermana	die Schwester
las hermanas	die Schwestern

- Im Plural passt sich das Substantiv durch die Veränderung der Endung an.

Beispiel:
Los alemanes están locos.
(Die Deutschen sind verrückt.)

Los españoles tienen más temperamento que otras naciones.
(Die Spanier haben mehr Temperament als andere Nationen.)

Übung zur Bildung des Plurals – der bestimmte Artikel

Entscheiden Sie, ob Sie den Plural bilden müssen, und tragen Sie die Lösung in die rechte Spalte ein.

	Übersetzung	Korrekte Schreibweise
L__ futbolista__ entrenan duro.	Die Fußballer trainieren hart.	
L__ español__ tienen más temperamento que otras naciones.	Die Spanier haben mehr Temperament als andere Nationen.	
L__ aleman__ están locos.	Die Deutschen sind verrückt.	
He olvidado l__ libro__.	Ich habe die Bücher vergessen.	
L__ hermano__ cuidan bien de su abuela.	Die Schwestern kümmern sich gut um ihre Großmutter.	
L__ estudiant__ tienen mucho que tener en cuenta.	Schüler müssen viel im Kopf behalten.	

Die Lösungen zu dieser Aufgabe finden Sie am Ende des Kapitels in einem separaten Lösungskapitel.

Un, una, unos, unas – Der unbestimmte Artikel

Der unbestimmte Artikel wird im Spanischen auch als „artículo indefinido" bezeichnet.

der unbestimmte Artikel	el artículo indefinido (auch: artículo indeterminado)

Der unbestimmte Artikel wird im Spanischen verwendet, wenn Sie von etwas Unbekanntem oder Unbestimmtem sprechen oder berichten. Darüber hinaus können Sie den unbestimmten Artikel verwenden, wenn Sie eine bestimmte Sache zum ersten Mal erwähnen. Zu den unbestimmten Artikeln gehören dabei im Spanischen die Artikel un und una in der Einzahl sowie unos und unas in der Mehrzahl.

	Der unbestimmte Artikel	
	Männlich	**Weiblich**
Singular (Einzahl)	uno (ein)	una (eine)
Plural (Mehrzahl)	unos	unas

Auch der unbestimmte Artikel richtet sich im spanischen Sprachgebrauch nach dem Geschlecht. Er orientiert sich also ebenfalls am Substantiv, vor dem er jeweils steht.

Beispiele für den unbestimmten Artikel:		
Geschlecht	**Singular**	**Plural**
Maskulin	**un** amigo (der Freund)	**unos** amigos (die Freunde)
Feminin	**una** amiga (die Freundin)	**unas** amigas (die Freundinnen)

Merke:
Beim unbestimmten Artikel gelten die gleichen Ausnahmen wie beim bestimmten Artikel.

Beispiel:		
un agua (weiblich)	un**as** aguas	ein Wasser

Beispiel für die Verwendung des unbestimmten Artikels		
Artikel	**Spanisch**	**Deutsch**
UNBESTIMMT	Maria se encuentra con un amigo.	Maria trifft sich mit einem Freund.

Besonderheit:
Auch wenn die Artikel „un" und „una" im deutschen Sprachgebrauch den unbestimmten Artikeln „ein" und „eine" entspricht, wird die Mehrzahl dieser unbestimmten Artikel eher mit den Begriffen „einige" oder „ein paar" übersetzt. Stehen diese unbestimmten Artikel vor einer Zahl, können Sie ihn mit den deutschen Begriffen „etwa" oder „ungefähr" übersetzen. Das liegt vor allem daran, dass die deutsche Sprache keinen Plural des unbestimmten Artikels kennt.

Wann verwenden Sie also den unbestimmten Artikel?

Sie verwenden den unbestimmten Artikel ...

- ... für die Angabe einer Einheit

Un agua mineral y dos zumos de naranja por favor.	Ein Mineralwasser und zwei Orangensäfte, bitte.

- ... um eine ungefähre Menge anzugeben

Carla tiene unos treinta años.	Carla ist in ihren Dreißigern.

- ... nach der konjugierten Verbform „hay" (=unpersönliche Form von haber = haben)

Hay una manifestación el lunes.	Am Montag findet eine Demonstration statt.

- ... in Kombination mit abwertenden Äußerungen über Personen, wenn diese in Verbindung mit dem Verb „ser" (sein) sowie einem Adjektiv stehen.

Mi hermana es una pesada.	Meine Schwester ist eine Nervensäge.

Als Regel können Sie sich für den bestimmten Artikel Folgendes einprägen:

Verwendung des unbestimmten Artikels im Spanischen – Regeln

- Den unbestimmten Artikel verwenden Sie, wenn auf unbestimmte Sachverhalte oder Personen Bezug genommen wird. Diese sind dem Zuhörer nicht bekannt.

Beispiel:
Peter: „He conocido a un chico venezulano."
(Peter: „Ich habe einen venezolanischen Jungen kennengelernt.")

El chico ve un perro negro.
(Der Junge sieht einen schwarzen Hund.)

Die Bildung des Plurals – der unbestimmte Artikel

Zu den Formen des Plurals zählen beim unbestimmten Artikel die Formen „unos“ und „unas“. „Unos“ verwenden Sie hierbei für männliche Substantive. „Unas“ nutzen Sie bei weiblichen Substantiven.

Beispiele:
Unos manifestantes se comportaron pacíficamente.
(Ein paar Demonstranten haben sich friedlich verhalten.)

Unas manzanas están podridas.
(Ein paar Äpfel sind faul.)

Unos pingüinos tienen pelaje blanco.
(Ein paar Pinguine haben weißes Fell.)

Unas casas tienen un techo negro.
(Ein paar Häuser haben ein schwarzes Dach.)

Ebenso wie bei der Bildung des Plurals beim bestimmten Artikel wird das angestellte Substantiv in den Plural gesetzt. Was bedeutet das? Bei der Verwendung des bestimmten Artikels im Plural wird dem Substantiv die Endung „s“ angehängt.

Beispiel:
Veo **unos** águilos.
(Ich sehe ein paar Adler.)

Unas aguas casi se han secado.
(Einige Gewässer sind fast ausgetrocknet.)

Necesito **unas** diez manzanas.
(Ich brauche etwa zehn Äpfel.)

Martin tiene **unos** 100 euros.
(Martin hat etwa 100 Euro.)

Was bedeutet das mit einem Blick auf die Regeln für die Bildung des Plurals bei unbestimmten Artikeln?

Regeln für die Bildung des unbestimmten Artikels im Plural

- Im Plural wird aus dem unbestimmten Artikel „un" „unos" (männlich).

Beispiel:

un huevo	ein Ei
unos huevos	ein paar Eier

- Aus dem weiblichen unbestimmten Artikel „una" wird „unas".

Beispiel:

una manzana	ein Apfel
unas manzanas	einige Äpfel

- Im Plural wird das Substantiv durch die Veränderung der Endung an den unbestimmten Artikel angepasst.

Beispiel:
Unos huevos se rompieron mientras compraba.
(Ein paar Eier sind beim Einkauf kaputtgegangen.)

Übung zur Bildung des Plurals – der unbestimmte Artikel

Entscheiden Sie, ob Sie den Plural bilden müssen, und tragen Sie die Lösung in die rechte Spalte ein.

	Übersetzung	**Korrekte Schreibweise**
Uno__ niño__ canta en el jardin.	Einige Kinder sind im Garten.	
El juguete de uno__ niño__ ponen en la calle.	Das Spielzeug einiger Kinder liegt auf der Straße.	
Una__ madre__ esperan a sus hijos frente a la escuela.	Einige Mütter warten vor der Schule auf ihre Kinder.	
Uno__ padre__ recogen a sus hijas de la escuela.	Einige Väter holen ihre Tochter aus der Schule ab.	
Tina lleva consigo uno_ 50 euro__.	Tina führt etwa 50 Euro mit sich.	
Una__ papa__ están dañadas por la cosecha.	Von der Ernte sind einige Kartoffeln beschädigt.	

Die Lösungen zu dieser Aufgabe finden Sie am Ende des Kapitels in einem separaten Lösungskapitel.

Das Weglassen des Artikels

Im Spanischen kann der Artikel in einigen Fällen bei der Formulierung eines Satzes weggelassen werden. In welchen Situationen dies der Fall ist, erfahren Sie anhand der nachfolgenden Auflistung:

Für das Weglassen des Artikels gelten die nachfolgenden Situationen:
Sie lassen den Artikel weg ...

- ... vor persönlichen Eigennamen bei Personen, Tieren, Organisationen und Ähnlichem

Linus es mi vecino.	Linus ist mein Nachbar.

- ... bei Ortsnamen, Regionen und Ländern

Pina viene de Madrid.	Pina kommt aus Madrid.
Vivo en Alemania.	Ich lebe in Deutschland.

- ... in Adelstiteln oder bei römischen Zahlen

Inés I fue la primera reina de	Inés war die erste spa- España. nische Königin.

- ... bei Monatsnamen

Febrero tiene 28 dias.	Der Februar hat 28 Ta- ge.

- ... bei der Benennung von Jahreszeiten, Transportmitteln oder in Verbindung mit der Präposition „en“ (in)

en verano	im Sommer
ir en coche	mit dem Auto fahren

- ... vor „otro“ (andere), „medio“ (durchschnittlich / Hälfte, ...), wenn hierdurch eine Menge angegeben wird

Quiero otro café.	Ich möchte noch einen Kaffee.
Nos encontramos a medio día.	Wir treffen uns mittags.

- ... nach den Verben „llevar“ (tragen) und „tener“ (haben)

llevar gafas	eine Brille tragen
tener coche	ein Auto haben

- ... bei den Verben „hablar“ (sprechen), „aprender“ (lernen), „entender“ (verstehen), wenn diese im Kontext des Erlernens einer Sprache stehen

Linus habla alemán.	Linus spricht Deutsch.
Entiendo italiano.	Ich verstehe Italienisch.

- ... bei unzählbaren Nomen

Respiramos aire.	Wir atmen Luft.

- ... nach Mengenangaben

Ellos tienen mucho trabajo.	Sie haben viel Arbeit.

Bei diesen Ausnahmen bleibt Ihnen schlichtweg nichts anderes übrig, als sie auswendig zu lernen. So sorgen Sie bei der Bildung von Sätzen für eine korrekte Grammatik.

Übung zum Weglassen des Artikels

Entscheiden Sie, ob Sie den Artikel weglassen oder nicht. Tragen Sie die korrekte Schreibweise in die Lücke ein.

Nina es mi (una hermana) ______________________________
(Nina ist meine Schwester.)

(el febrero) ______________________________tiene 28 días.
(Der Februar hat 28 Tage.)

Nosotros encontramos en (el verano) ______________________________
(Wir treffen uns im Sommer.)

Elena quiere otro (un café) ______________________________
(Elena möchte einen weiteren Kaffee.)

(llevar /las gafas) ______________________________.
(eine Brille tragen)

Lina habla (el alemán) ______________________________.
(Lina spricht Deutsch.)

Die Lösungen zu dieser Aufgabe finden Sie am Ende des Kapitels in einem separaten Lösungskapitel.

DER SÄCHLICHE ARTIKEL „LO" IM SPANISCHEN

Anders als in der deutschen Sprache existiert innerhalb der spanischen Grammatik kein sächlicher Artikel im eigentlichen Sinn. Dennoch kommt es hier häufig zu Missverständnissen, da der Artikel „lo" (neutral) nicht selten mit den bestimmten Artikeln „el" und „la" angeführt wird. Für Sie ist es hier wichtig, zu wissen, dass der Artikel „lo" nicht mit einem „echten" Substantiv genutzt wird, so wie die bestimmten Artikel. Vielmehr wird er verwendet, wenn Sie Adjektive substantivieren, oder bei der Verwendung mit Pronomen, Partizipien sowie in Relativsätzen.

Beispiele:	
interesante	lo interessante (das Interessante)
primero	lo primero (das Erste)
pasado	lo pasado (das Vergangene)
nuestro	lo nuestro (das Unsere)
bueno/buena	lo mejor (das Beste)
Lo que dijiste es interesante.	Das, was du gesagt hast, ist interessant.

Der Artikel „lo" wird daher nicht wie im Deutschen für neutrale Substantive verwendet, sondern eingesetzt, wenn eine verallgemeinernde oder abstrakte Bedeutung erreicht werden soll.

> **Merke:**
> Anders als die anderen bestimmten Artikel im Spanischen hat der Artikel „lo" **keinen** Plural.

Beim Gebrauch des Artikels „lo" werden Sie feststellen, dass es nicht immer einfach ist, genau festzulegen, ob „lo" gerade die Funktion eines unbestimmten Artikels übernimmt oder in Form eines Pronomens verwendet wird. Zudem kann „lo" sowohl mit männlichen als auch mit weiblichen Substantiven und Adverbien verwendet werden.

Beispiele:
Todo lo escrito, es muy importante.
(Alles, was ich geschrieben habe, ist sehr wichtig.)
→ Hier wird „escrito" zum Partizip (das Geschriebene) und ist damit Substantiv.

Lo bueno es que todos nos mantuvimos saludables.
(Das Gute ist, dass wir alle gesund geblieben sind.)
→ In diesem Fall wurde das Adjektiv „bueno" zum Substantiv.

Lo más fácil sería no decir nada.
(Am einfachsten wäre es, nichts zu sagen.)
→ Hier wurde das Adjektiv „fácil" durch das Wort „más" (mehr) gesteigert. Durch die Ergänzung „lo" erfolgt eine Substantivierung.

Sé que lo tuyo son los idiomas extranjeros.
(Ich weiß, dass Fremdsprachen deine Stärke sind.)
→ In diesem Beispiel wird das Possessivpronomen „tuyo" zum Nomen des Satzes.

Merke:
Der Artikel „lo" wird nie verändert. Somit können Sie sich merken: Er besitzt also keine weiteren Formen und verfügt auch nicht über eine Pluralform.

Neben den benannten Funktionen kann der sächliche Artikel „lo" genutzt werden, um innerhalb eines Satzes etwas besonders zu betonen oder hervorzuheben. Hier erfüllt „lo" eher eine stilistische Funktion.

Beispiel:
Es increíble lo rápido que habla cuando hablamos.
(Es ist unglaublich, wie schnell er spricht, wenn wir uns unterhalten.)

Daneben können Sie „lo" als Relativpronomen verwenden. In diesem Fall bezieht es sich auf etwas, was bereits im vorangegangenen Satz gesagt wurde.

Beispiel:
Lo que ella dice no es correcto.
(Das, was sie sagt, stimmt nicht.)

Eine weitere Besonderheit zeigt sich bei der Verwendung des Artikels „lo" in der gesprochenen Sprache. Hier wird der Artikel häufig verwendet, um das Verb innerhalb des Satzes hervorzuheben.

Beispiel:
Lo que estoy diciendo es que tenemos que esforzarnos más.
(Was ich sagen will, ist, dass wir uns mehr anstrengen müssen.)

Zusammenfassend kann also gesagt werden, dass „lo" im spanischen Sprachgebrauch nicht nur wie ein gewöhnlicher Artikel verwendet werden kann, sondern auch als Objektpronomen. Die Verwendung ist daher klar von der Verwendung der bestimmten Artikel zu unterscheiden.

Übung zu den bestimmten und unbestimmten Artikeln im spanischen Sprachgebrauch

Entscheiden Sie im nachfolgenden Textausschnitt, ob Sie den bestimmten oder unbestimmten Artikel oder gar keinen Artikel verwenden möchten. Setzen Sie diesen in die entsprechende Lücke ein.

____ señora Ramos es muy inteligente y simpática. Tiene __ ojos azules y _____ pelo marrón. Y tiene _____ trabajo muy especial.
[Frau Ramos ist sehr intelligent und sympathisch. Sie hat blaue Augen und braune Haare. Und sie hat eine besondere Arbeit.]

Lina: ¿Ya ha llegado _____ profesor Ronaldino a _____ seminario?
Mario: No, llega en _____ tren _____ martes a _____ nueve de _____ mañana.
[Lina: Ist Professor Ronaldino schon am Seminar angekommen? Mario: Nein, er kommt mit dem Zug Dienstag um neun Uhr morgens an.]

El museo está en ____ centro de la ciudad. Despúes podemos ir ___ cine. ¿Tengas ganas, Selina?
[Das Museum befindet sich im Zentrum der Stadt. Dann können wir im Anschluss ins Kino gehen. Hast du Lust, Selina?]

Nos encontramos ____ medio día.
[Wir treffen uns mittags.]

____ Febrero tiene 28 dias.
[Der Februar hat 28 Tage.]

Die Lösungen zu dieser Aufgabe finden Sie am Ende des Kapitels in einem separaten Lösungskapitel.

DAS SUBSTANTIV IM SPANISCHEN

Ebenso wie in der deutschen Sprache existieren im Spanischen Substantive, sogenannte „substantivos". Substantive bezeichnen Dinge, Lebewesen oder Abstrakta. In aller Regel werden sie im Sprachgebrauch von einem Artikel oder einem Pronomen begleitet. Darüber hinaus können sie durch ein Pronomen ersetzt werden.

Im Unterschied zum Spanischen nutzen wir im Deutschen den Artikel gerne. Wir fahren mit dem Auto und lieben das Leben. Anders jedoch ist es in der spanischen Sprache: Im spanischen Sprachgebrauch ist die Verwendung des Artikels nicht immer verpflichtend. Er wird zwar auch häufig genutzt, allerdings gibt es, anders als in der deutschen Sprache, einige Situationen, in denen kein Artikel genutzt wird. Bevor wir auf diese Aspekte eingehen, schauen wir uns aber zunächst die Grundlagen an.

Im Spanischen kann ein Substantiv entweder maskulin (männlich) oder feminin (weiblich) sein. Die Besonderheit: In vielen Fällen lässt sich das Geschlecht des Substantivs an der Endung ablesen.

Beispiel:

un helad**o**	ein Eis (maskulin)
una gallet**a**	ein Keks (feminin)

Ein Neutrum gibt es im spanischen Sprachgebrauch nicht. Ob ein Substantiv maskulin oder feminin ist, können Sie an unterschiedlichen Faktoren erkennen, die nachfolgend näher erläutert werden:

- Die Unterscheidung durch das biologische Geschlecht

Beispiele		
maskulin	**feminin**	**Übersetzung**
el señor	la señora	der Mann / die Frau
el amigo	la amiga	der Freund /die Freundin
el hijo	la hija	der Sohn / die Tochter

In diesen Fällen könnte auch ohne die Verwendung des Artikels das Geschlecht des jeweiligen Wortes erkannt werden. Während das maskuline Substantiv meist auf die Endung -o endet, endet das feminine Substantiv in aller Regel auf -a.

- Die Unterscheidung durch den Artikel

Beispiele		
maskulin	**feminin**	**Übersetzung**
el año		das Jahr
un coche		ein Auto
	la revista	die Zeitschrift
	una imaginación	eine Vorstellung
un perro		ein Hund
	la mosca	die Fliege

- Die Unterscheidung durch die Endungen

Beispiele für maskuline Endungen von Substantiven:	
-o	el plato (der Teller)
-ete	el clarinete (die Klarinette)
-aje	el traje (der Anzug)
-ambre	el calambre (der Kampf)
-or	el dolor (der Schmerz)
-ón	el sillón (der Sessel)
-an	el pan (das Brot)
-x	el índex (der Index)
-t	el carnet (der Ausweis)
-ma	el clima (das Klima)
-pa	el mapa (die Karte)
-ta	el planeta (der Planet)
-l	el festival (das Festival)
-ente	el accidente (der Unfall)

Beispiele für feminine Endungen von Substantiven	
-a	la casa (das Haus)
-ie	la serie (die Serie)
-umbre	la costumbre (das Kostüm)
-ad	la libertad (die Freiheit)
-du	la salud (die Gesundheit)
-ión	la opinión (die Meinung)
-ez	la niñez (die Kindheit)
-ad	la universidad (die Universität)
-tud	la solicitud (die Bewerbung / der Antrag)
-ción	la canción (das Lied)

Neben diesen Endungen gibt es Substantivendungen, die sowohl männlich als auch weiblich sein können.

Beispiele für Endungen von Substantiven, die sowohl männlich als auch weiblich sein können:	
-s	el mes (der Monat) la tos (der Husten)
-e	el café (der Kaffee) el carne (das Fleisch)
-l	el árbol (der Baum) la sal (das Salz)
-n	el pan (das Brot) la sartén (die Pfanne)
-z	el lapíz (der Bleistift) la luz (das Licht)

Tipp:
Da in der spanischen Sprache das Geschlecht abweichen kann, ist es empfehlenswert, dass Sie dieses beim Vokabellernen einbinden.

Außerdem gibt es einige Substantive mit spezifischen Endungen, bei denen sich die Endung des Substantivs sowohl in der männlichen als auch in der weiblichen Form nicht verändert.

Beispiele

Endung	**Beispiele**
-sta	el artista / la artista (der Künstler / die Künstlerin) el periodista / la periodista (der Journalist / die Journalistin)
-nte	el cantante / la cantante (der Sänger / die Sängerin)
-a	el atleta / la atleta (der Athlet / die Athletin)

Achtung Ausnahme:
Weiterhin gibt es in der spanischen Sprache eine Vielzahl von Substantiven, die sich nicht an der Endung erkennen lassen, beispielsweise enden sie zwar auf -a, sind aber männlich, oder auf -o, sind aber weiblich. Bei diesen Ausnahmen bleibt Ihnen also nichts anderes übrig, als diese ebenfalls auswendig zu lernen bzw. sich diese mit Artikel beim Erlernen der Vokabeln einzuprägen.

Beispiele:

el papa	der Vater
el poeta	der Dichter
el avión	das Flugzeug
el camion	der LKW
el día	der Tag
la moto	das Motorrad

Für die Ausnahmen gilt des Weiteren:
Auch wenn einige Wörter wie eine Ausnahme wirken, täuscht der Anschein im ersten Moment. Innerhalb der spanischen Sprache gibt es einige Begriffe, die im alltäglichen Gebrauch in Form von Abkürzungen verwendet werden. In diesen Fällen sind die Endungen nicht mehr eindeutig erkennbar, weshalb eine Herleitung dann schwer möglich ist.

Beispiele:

la foto (das Foto)	la fotografía
la disco (die Diskothek)	la discoteca
la radio (das Radio)	la radiodifusión

Neben den angeführten Merkmalen weisen spanische Substantive weitere Besonderheiten auf, die das Einprägen des jeweiligen Geschlechts erleichtern. So gibt es einige Substantive, die sich einem Oberbegriff zuordnen lassen und das Geschlecht desjenigen übernehmen:

Kategorie	**Beispiele für die Kategorie**
maskuline Substantive	
días (Tage) [el día]	el lunes (der Montag) el martes (der Dienstag) el miércoles (der Mittwoch) el jueves (der Donnerstag) el viernes (der Freitag) el sábado (der Samstag) el domingo (der Sonntag)
Mares (Meere) [el mar]	el Mar Caribe (das karibische Meer) el Océano Atlántico (der atlantische Ozean)
ríos (Flüsse) [el río]	el Tajo (der Tajo) el Paraná (der Parana)
Lagos (Seen) [el lago]	el Titicaca (der Titicacasee) el lago Chiem (der Chiemsee)
coches (Autos) [el coche]	el Mercedes (der Mercedes) el Audi (der Audi)
árboles (Bäume) [el árbol]	el arce (der Ahorn) el haya (die Buche)

números (Zahlen) [el número]	el uno (die Eins) el cuatro (die Vier)
colores (Farben) [el color]	el rojo (das Rot) el verde (das Grün)
puntos de la brújula (Himmelsrichtungen) [los puntos de la brújula]	el Norte (der Norden) el Este (der Osten) el Sur (der Süden) el oeste (der Westen)
feminine Substantive	
islas (Inseln) [la isla]	las Malvinas (die Falklandinseln) las Islas Canarias (die Kanaren) las Baleares (die Balearen)
letras (Buchstaben) [la letra]	la a (das A) la n (das N)

Sächliche Substantive kennt die spanische Sprache nicht. Aus diesem Grund erfolgt ausschließlich die Unterscheidung zwischen männlich und weiblich.

Substantive an sich können sowohl im Singular als auch im Plural stehen. Was für Substantive im Singular gilt, haben Sie bereits in den ausführlichen Erläuterungen erfahren. Geht es nun daran, den Plural zu bilden, geschieht dies durch das Anhängen der Endung **-s** oder **-es**. Diese Endung wird an die Singularform angehängt.

Beispiel:

el libro (das Buch)	los libros (die Bücher)
la flor (die Blume)	las flores (die Blumen)

Wann wird bei der Pluralbildung die Endung -s angehängt?
Die Endung -s wird angehangen, wenn Substantive auf einen Vokal enden.

Beispiel:	
la casa (das Haus)	las casas (die Häuser)
la noche (die Nacht)	las noches (die Nächte)

Wann wird bei der Pluralbildung die Endung -es angehängt?
Endet ein Substantiv auf einen Konsonanten, wird der Plural mit der Endung -es gebildet.

Beispiel:	
la flor (die Blume)	las flores (die Blumen)
el tren (der Zug)	los trenes (die Züge)

Wann sind bei der Pluralbildung beide Endungen möglich?
Die Pluralbildung mit -es oder -s ist immer dann möglich, wenn Substantive mit -í enden.

Beispiel:	
el esquí (der Ski)	los esquíes (die Ski)
el tabú (das Tabu)	los tabúes (die Tabus)

An dieser Stelle tut sich die Frage auf, welche Regeln Sie bei der Umwandlung von Substantiven hinsichtlich der Veränderung des Geschlechts berücksichtigen sollten. Diese finden Sie nachfolgend:

Regeln für die Veränderung von Substantiven

- Wollen Sie ein Substantiv, das auf -a endet, in die maskuline Form umwandeln, tauschen Sie die Endung -a durch -o aus und passen den Artikel an. Wollen Sie hingegen ein Substantiv in die feminine Form verändern, tauschen Sie die Endung -o durch -a aus. Auch hier passen Sie den Artikel entsprechend an.

Beispiel:

el abuelo (der Opa) → la abuela (die Oma)
la hija (die Tochter) → el hijo (der Sohn)

- Endet ein Substantiv auf -e (maskuline Form) und soll in die feminine Form verändert werden, müssen Sie die Endung -e durch -a ersetzen.

Beispiel:

el jefe (der Chef) → la jefa (die Chefin)
el cocinero (der Koch) → la cocinera (die Köchin)

- Substantive, die nicht auf -e oder -o enden und maskulin sind, werden in die feminine Form verändert, indem die Endung -a hinzugefügt wird.

Beispiel:

el español (der Spanier) → la española (die Spanierin)
el pintor (der Maler) → la pintura (die Malerin)

- Darüber hinaus gibt es Sonderfälle, die Sie auswendig lernen müssen. Hierzu zählen die nachfolgenden Begrifflichkeiten:

Beispiel:

el conde (der Graf) → la condesa (die Gräfin)
el poeta (der Dichter) → la poetisa (die Dichterin)
el actor (der Schauspieler) → la actriz (die Schauspielerin)
el héroe (der Held) → la heróina (die Heldin)

Wie bereits eingangs erwähnt, existieren innerhalb des spanischen Sprachgebrauchs Situationen, in denen kein Artikel steht. Im Hinblick auf Substantive gilt dies vorrangig für Monate und Jahreszeiten, sofern diese nicht genauer bestimmt werden.

Beispiel:
Febrero es uno de los meses más frios.
(Der Februar ist einer der kältesten Monate.)

En junio vamos a salir de vacaciones.
(Im Juni fahren wir in den Urlaub.)

Außerdem wird der Artikel im Spanischen weggelassen, wenn die Fortbewegung mit Verkehrsmitteln umschrieben wird.

Beispiel:

Quiero ir en coche.	Ich möchte mit dem Auto fahren.
Prefiero ir en bicicleta.	Ich bevorzuge das Fahrrad.
Vamos en bus.	Wir fahren mit dem Bus.
Voy a venir en moto.	Ich komme mit dem Motorrad.

Darüber hinaus gibt es feststehende Wendungen, bei denen vor Substantiven keine Artikel verwendet werden. Hierzu schauen Sie sich die nachfolgende Auflistung genauer an:

Feste Wendungen, bei denen kein Artikel gesetzt wird:

estar en casa de alguien	bei jemandem im Haus sein
ir calle abajo	die Straße runtergehen
ir calle arriba	die Straße raufgehen
a finales del siglo	am Ende des Jahrhunderts

Auf einen Blick:

Substantive im Spanischen und deren Pluralbildung

- Im spanischen Sprachgebrauch sind Substantive entweder weiblich oder männlich. Das Neutrum existiert nicht.
- Ob es sich um ein männliches oder weibliches Substantiv handelt, können Sie anhand des biologischen Geschlechts, des vorangestellten Artikels sowie der jeweiligen Endungen erkennen.
- Es gibt sowohl typisch weibliche als auch typisch männliche Endungen. Darüber hinaus gibt es Substantive, die eine Ausnahme darstellen.
- Beim Vokabellernen sollten die Artikel mitgelernt werden.
- Einige Wörter werden gängig in der gekürzten Form verwendet, weshalb es wichtig ist, diese zu kennen.
- Einige Substantive lassen sich bestimmten Oberkategorien zuordnen, anhand derer das Geschlecht abgelesen werden kann.
- Substantive können sowohl im Singular als auch im Plural stehen. Die Bildung des Plurals unterscheidet sich dabei.

Übung zu den Substantiven im Spanischen

Bestimmen Sie im Folgenden, ob es sich um die Einzahl oder die Mehrzahl handelt, und ergänzen Sie das Geschlecht des Substantivs.

Substantiv			
Singular	**Einzahl oder Mehrzahl?**	**Männlich oder weiblich?**	**Übersetzung**
el bolígrafo			der Kugel-schreiber
los cuadernos			das Heft
la bandera			die Fahne
los dientes			der Zahn
los libros			das Buch
las mujeres			die Frau
el partido			das Spiel

Die Lösungen zu dieser Aufgabe finden Sie am Ende des Kapitels in einem separaten Lösungskapitel.

In diesem Übungsbuchs finden Sie am Ende einer jeden Lektion eine Kurzgeschichte. In dieser finden Sie das Erlernte wieder und können ein Gefühl für die Verwendung der entsprechenden grammatikalischen Vorgaben sowie der jeweiligen Zeitformen bekommen. Gleichzeitig können Sie die Übersetzung nutzen, um zu überprüfen, wie gut Ihr Verständnis bereits ausgereift ist.

EINE KURZGESCHICHTE

Audiodatei 4

Kurzgeschichte: Der Herbst ist da

Spanisch	Deutsch
Mientras tanto, las hojas se han vuelto marrones. El sol sólo se ve unas pocas horas al día. Sí, ha llegado el momento: el otoño ya está aquí.	Die Blätter sind inzwischen braun geworden. Die Sonne lässt sich nur noch wenige Stunden am Tag sehen – ja, es ist so weit: Der Herbst ist da.
Lenta pero inexorablemente, los días son cada vez más cortos. Unos días siguen siendo cálidos, pero la mayoría son mucho más frescos. Los colores que adquiere la naturaleza en otoño son impresionantes.	Langsam, aber sicher werden die Tage um einiges kürzer. Einige Tage war es noch warm, die meisten jedoch deutlich kühler. Die Farben, die die Natur im Herbst annimmt, sind beeindruckend.
Todo es colorido antes de volverse más lúgubre poco antes de las vacaciones de invierno. El otoño casi parece un breve florecimiento antes de la hibernación. Para Martina, es una época muy especial.	Alles ist bunt, bevor es dann kurz vor der Winterpause trister wird. Fast fühlt sich der Herbst wie ein kurzes Aufblühen vor dem Winterschlaf an. Für Martina ist das eine ganz besondere Zeit.
Hoy en día, Martina recuerda con cariño los paseos vespertinos que daba con la abuela. Su forma favorita de pasar la tarde en otoño es salir varias veces al exterior con el perro de la familia, Anton.	Heute erinnert sich Martina gerne an die Abendspaziergänge, die sie früher mit ihrer Großmutter unternahm. Am liebsten verbringt sie den Abend im Herbst mehrmals mit dem Familienhund Anton draußen.
Le gustan especialmente los paseos nocturnos. El cielo siempre se tiñe de un color precioso. Entonces se siente especialmente unida a la abuela.	Er genießt die Abendspaziergänge besonders. Der Himmel hat immer eine schöne Farbe. Dann fühlt sie sich ihrer Großmutter besonders nahe.

VOKABELSAMMLUNG – EINE ÜBERSICHT

In dieser und den nachfolgenden Lektionen werden Sie immer wieder Vokabellisten finden, die Ihnen dabei helfen sollen, Ihren Wortschatz zu erweitern. Die unterschiedlichen Vokabellisten decken unterschiedliche Themenbereiche ab.

Sich vorstellen und alltägliches Vokabular

Spanisch	Deutsch
me llamo	ich heiße
mi nombre es	mein Name ist
Hola, soy Markus.	Hallo, ich bin Markus
¿Cómo te llamas?	Wie heißt du?
¿Cúantos años tienes?	Wie alt bist du?
Tengo … años.	Ich bin … Jahre alt.
Soy de …	Ich komme aus …
Buenos días	Guten Morgen
Buenas tardes	Guten Tag
Buenas noches	Guten Abend / Gute Nacht
¿Cómo estás?	Wie geht es dir?
¿Cómo está usted?	Wie geht es Ihnen?
¿Qué tal?	Wie geht's?
¿Qué haces?	Was machst du?
Bien.	Gut.
Muy bien.	Sehr gut.
¿Y tú?	Und du?
Así, así.	Geht so.
como siempre	wie immer
por favor	bitte
¿Cómo …?	Wie?
¿Por qué?	Warum?
¿Cúando?	Wann?
¿Dónde?	Wo?
¿Quíen?	Wer?
¿De dónde eres?	Woher kommst du?
¿Dónde vives?	Wo wohnst du?
¿Puede ayudarme?	Können Sie mir helfen?

¿Qué significa?	Was heißt?
Por favor, puedes hablar más despacio.	Kannst du bitte langsamer sprechen?
¿Podrías hablar más despacio?	Können Sie bitte langsamer sprechen?
¿En qué trabajas?	Was arbeitest du?
¿Lleva mucho tiempo viviendo aquí?	Leben Sie schon lange hier?
¿Entiende?	Verstehen Sie?
¿Puede repertirlo?	Können Sie das wiederholen?
tal vez	vielleicht
claro	na klar
entonces	also, dann
quizás	vielleicht
seguro	sicher
la vida	das Leben
el grupo	die Gruppe
lunes	Montag
martes	Dienstag
miércoles	Mittwoch
jueves	Donnerstag
viernes	Freitag
sábado	Samstag
domingo	Sonntag
la primavera	der Frühling
el verano	der Sommer
el otoño	der Herbst
el invierno	der Winter
enero	Januar
febrero	Februar
marzo	März
abril	April
mayo	Mai
junio	Juni
julio	Juli
agosto	August

septiembre	September
octubre	Oktober
noviembre	November
deciembre	Dezember
el tiempo	die Zeit
el siglo	das Jahrhundert
¿Qué hora es?	Wie spät ist es?
los ojos	die Augen
la cabeza	der Kopf
el cebrero	das Gehirn
la nariz	die Nase
la oreja	das Ohr
el pelo	die Haare
la ceja	die Augenbraue
la profesión	der Beruf
la ley	das Gesetz
el teléfono	das Telefon
el padre	der Vater
la madre	die Mutter

BEISPIELSÄTZE

Deutsch	**Spanisch**
Hallo!	¡Hola!
Guten Tag!	¡Buenos días!
Ich heiße Miguel.	Me llamo Miguel
Wie alt bist du?	¿Cuántos años tienes?
Und du?	¿Y tú?
Ich bin 30 Jahre alt.	Tengo 30 años.
Woher kommst du?	¿De dónde eres?
Auf Wiedersehen!	¡Adiós!
Tschüss!	¡Adiós!
Bis bald!	¡Hasta pronto!

LÖSUNGEN ZU DEN ÜBUNGEN

In diesem Kapitel finden Sie die Lösungen zu den Übungen der vorangegangenen Erläuterungen.

Übung zur Bildung des Plurals – der bestimmte Artikel

	Übersetzung	Korrekte Schreibweise
L__ futbolista__ entrenan duro.	Die Fußballer trainieren hart.	Los futbolistas entrenan duro.
L__ español__ tienen más temperamento que otras naciones.	Die Spanier haben mehr Temperament als andere Nationen.	Los españoles tienen más temperamento que otras naciones.
L__ aleman__ están locos.	Die Deutschen sind verrückt.	Los alemanes están locos.
He olvidado l__ libro__.	Ich habe die Bücher vergessen.	He olvidado los libros.
L__ hermano__ cuidan bien de su abuela.	Die Schwestern kümmern sich gut um ihren Großvater.	Los hermanos cuidan bien de su abuela.
L__ estudiant__ tienen mucho que tener en cuenta.	Schüler müssen viel im Kopf behalten.	Los estudiantes tienen mucho que tener en cuenta.

Übung zur Bildung des Plurals – der unbestimmte Artikel

	Übersetzung	Korrekte Schreibweise
Uno__ niño__ canta en el jardin.	Einige Kinder sind im Garten.	Unos niños canta en el jardin.
El juguete de uno__ niño__ ponen en la calle.	Das Spielzeug einiger Kinder liegt auf der Straße.	El juguete de unos niños ponen en la calle.
Una__ madre__ esperan a sus hijos frente a la escuela.	Einige Mütter warten vor der Schule auf ihre Kinder.	Unas madres esperan a sus hijos frente a la escuela.
Uno__ padre__ recogen a sus hijas de la escuela.	Einige Väter holen ihre Tochter aus der Schule ab.	Unos padres recogen a sus hijas de la escuela.
Tina lleva consigo uno_ 50 euro__.	Tina führt etwa 50 Euro mit sich.	Tina lleva consigo unos 50 euros.
Una__ papa__ están dañadas por la cosecha.	Von der Ernte sind einige Kartoffeln beschädigt.	Unas papas están dañadas por la cosecha.

Übung zum Weglassen des Artikels

Nina es mi hermana.
(Nina ist meine Schwester.)

Febrero tiene 28 días.
(Der Februar hat 28 Tage.)

Nosotros encontramos en verano.
(Wir treffen uns im Sommer.)

Elena quiere otro café.
(Elena möchte einen weiteren Kaffee.)

llevar gafas
(eine Brille tragen)

Lina habla alemán.
(Lina spricht Deutsch.)

Übung zum bestimmten und unbestimmten Artikel

La señora Ramos es muy inteligente y simpática. Tiene **los** ojos azules y **el** pelo marrón. Y tiene **un** trabajo muy especial.

Lina: ¿Ya ha llegado **el** profesor Ronaldino a **al** seminario?
Mario: No, llega en tren **las** martes a la nueve de **la** mañana.

El museo está en **el** centro de la ciudad. Despúes podemos ir **al** cine. ¿Tengas ganas, Selina?

Nos encontramos **a** medio día.
- Febrero tiene 28 dias.

Übung zu den Substantiven

Substantiv			
Singular	**Einzahl oder Mehrzahl?**	**Männlich oder weiblich?**	**Übersetzung**
el bolígrafo	Einzahl	männlich	der Kugel-schreiber
los cuadernos	Mehrzahl	männlich	das Heft
la bandera	Einzahl	weiblich	die Fahne
los dientes	Mehrzahl	männlich	der Zahn
los libros	Mehrzahl	männlich	das Buch
las mujeres	Mehrzahl	weiblich	die Frau
el partido	Einzahl	männlich	das Spiel

Lektion 2 - Die Verben im Spanischen

Verben oder auch *verbos* bilden im Spanischen den wichtigsten Bestandteil von Sätzen. Ein Verb wird entweder für Tätigkeiten eines Subjekts, wie zum Beispiel *gehen, springen, essen, lesen*, oder einen Zustand, wie beispielsweise *existieren, leben* oder *sein*, eingesetzt.

Innerhalb des spanischen Sprachgebrauchs existiert für jedes Personalpronomen und jede Zeitform eine eigene Konjugation. Dabei wird sowohl zwischen *regelmäßigen* (verbos regulares) als auch *unregelmäßigen* Verben (verbos irregulares) unterschieden. Was es damit auf sich hat, erfahren Sie im Rahmen dieser Lektion.

Die Konjugation im Präsens, der Gegenwartsform

Die wichtigste Zeitform stellt im Spanischen das Präsens, also das presente de indicativo, dar. Die Verwendung des Präsens im Spanischen ist äquivalent zur Verwendung im Deutschen. Es wird daher verwendet, um Handlungen auszudrücken, die sich in der Gegenwart abspielen. Darüber hinaus haben Sie die Möglichkeit, Gewohnheiten oder Handlungen, die einer Wiederholung unterliegen, zu beschreiben.

Wenn Sie im spanischen Sprachgebrauch Verben konjugieren, werden Person, Numerus (Anzahl), Tempus sowie der Modus in Form unterschiedlicher Endungen ausgedrückt. Der Wortstamm verändert sich dabei bei regelmäßigen Verben nicht. Die Unterteilung der regelmäßigen Verben erfolgt dabei in die Infinitivendungen **-ar, -er und -ir**. Die Endungen der jeweiligen Verbgruppe unterscheiden sich je nach Zeitform. Was bedeutet das konkret? Die unterschiedlichen regelmäßigen Verbkategorien konjugieren sich dabei wie folgt:

Verben auf -ar

Regelmäßige Verben auf -ar – das Präsens		
Personalpronomen	**Verb**	**Übersetzung**
	cantar	singen
yo	cant**o**	ich singe
tú	cant**as**	du singst
él, ella, usted	cant**a**	er, sie, es singt
nosotros /nosotras	cant**amos**	wir singen
vosotros / vosotras	can**áis**	ihr singt
ellos /ellas, ustedes	cant**an**	sie singen

Regeln zur Konjugation von Verben auf -ar
Im Präsens hängen Sie bei Verben, die regelmäßig sind und auf -ar enden, die Endungen -o, -as, -a, -emos, -áis und -an an.

Zu den Verben, die auf -ar enden, gehören innerhalb der spanischen Sprache die nachfolgenden:

- hablar sprechen
- estudiar lernen, studieren
- tomar nehmen
- preguntar fragen
- trabajar arbeiten
- viajar reisen
- ayudar helfen
- ...

Verben auf -er

Neben den Verben auf -ar gibt es die Verbgruppe der regelmäßigen Verben, die auf -er enden. Auch hier bleibt der Stamm des Wortes gleich und die Infinitivendung -er wird entfernt.

Regelmäßige Verben auf -er – das Präsens		
Personalpronomen	**Verb**	**Übersetzung**
	comer	essen
yo	com**o**	ich esse
tú	com**es**	du isst
él, ella, usted	com**e**	er, sie, es isst
nosotros / nostras	com**emos**	wir essen
vosotros / vosotras	com**éis**	ihr esst
ellos/-as, ustedes	com**en**	sie essen

Regeln zur Konjugation von Verben auf -er

Im Präsens hängen Sie bei Verben, die regelmäßig sind und auf -er enden, die Endungen -o, -es, -e, -emos, -éis und -en an.

Zu den Verben, die auf -er enden, gehören innerhalb der spanischen Sprache die nachfolgenden:

- entender verstehen
- beber trinken
- comer essen
- comprender verstehen
- vender verkaufen
- coger festhalten, fangen
- aprender lernen
- ...

Verben auf -ir

Nachdem Sie die regelmäßigen Verben auf -er und -ar bereits kennengelernt haben, folgen an dieser Stelle die regelmäßigen Verben auf -ir. Auch diese behalten bei der Konjugation ihren Wortstamm bei und verändern sich nur hinsichtlich der Infinitivendung.

Regelmäßige Verben auf -ir – das Präsens		
Personalpronomen	**Verb**	**Übersetzung**
	vivir	leben
yo	viv**o**	ich lebe
tú	viv**es**	du lebst
él, ella, usted	viv**e**	er, sie, es lebt
nosotros / nosotras	viv**imos**	wir leben
vosotros / vosotras	viv**ís**	ihr lebt
ellos /ellas, ustedes	viv**en**	sie leben

Regeln zur Konjugation von Verben auf -ir
Im Präsens hängen Sie bei Verben, die regelmäßig sind und auf -ir enden, die Endungen -o, -es, -e, -imos, -ís und -en an.

Zu den Verben, die auf -ir enden, gehören innerhalb der spanischen Sprache die nachfolgenden:

- abolir abschaffen
- transmitir übermitteln
- escribir schreiben
- decidir entscheiden
- recibir erhalten
- imprimir drucken
- subscribir unterschreiben
- ...

Auf einen Blick:

Die regelmäßigen Verben im Spanischen

- Im Spanischen werden die regelmäßigen Verben auch verbos regulares genannt.
- Man unterscheidet zwischen den Infinitivendungen -er, -ar und -ir.
- Regelmäßige Verben haben immer einen festen Wortstamm, der sich nicht verändert.
- Die Konjugation und die Bildung der regelmäßigen Verben sind jeweils in Abhängigkeit zur verwendeten Zeitform zu sehen.

Übung zur Konjugation der Verben im Präsens

Konjugieren Sie die nachfolgenden regelmäßigen Verben im Rahmen der neu erlernten Regeln. Achten Sie auf die korrekte Schreibweise.

Hablar (sprechen)

Personalpronomen	Verb
yo	
tú	
él, ella, usted	
nosotros/-as	
vosotros/-as	
ellos/-as, ustedes	

comprender (verstehen)

Personalpronomen	**Verb**
yo	
tú	
él, ella, usted	
nosotros/-as	
vosotros/-as	
ellos/-as, ustedes	

recibir (erhalten)

Personalpronomen	**Verb**
yo	
tú	
él, ella, usted	
nosotros/-as	
vosotros/-as	
ellos/-as, ustedes	

Die Lösungen zu dieser Aufgabe finden Sie am Ende des Kapitels in einem separaten Lösungskapitel.

DIE REFLEXIVEN VERBEN

Bevor Sie sich innerhalb dieses Praxisbuchs den unregelmäßigen Verben widmen, sollen an dieser Stelle die reflexiven Verben besprochen werden. Hierzu werfen Sie zunächst einen Blick auf die Pronomen, die Sie unbewusst bereits kennengelernt haben:

Die Pronomen – el pronombre

Die **Personalpronomen** für die unterschiedlichen Personen haben Sie bereits in den Beispielen kennengelernt.

Anzahl (Numerus)	Person	Geschlecht (Genus)	Subjekt		Objekt	
Singular (Einzahl)	1	m, w	yo	ich	(a, de) mí	mir, mich
	2	m, w	tú	du	(a, de) tí	dir, dich
	3	m	él	er, es	(a, de) él	ihn, es, ihm
		w	ella	sie, es	(a, de) ella	sie, es, ihr
		Höflichkeitsform	usted	Sie	(a, de) usted	Sie, Ihnen
Plural (Mehrzahl)	1	m	nosotros	wir	(a, de)	uns
		w	nosotras		(a, de)	
	2	m	vosotros	ihr	(a, de)	euch
		w	vosotras		(a, de)	
	3	m	ellos	sie	(a, de)	sie, ihnen
		w	ellas		(a, de)	
		Höflichkeitsform	ustedes	Sie	(a, de)	Sie, Ihnen

Eine weitere Besonderheit, die sich in Unterscheidung zur deutschen Sprache ergibt, ist die Tatsache, dass die Pronomen yo, tú, él, ella, usted, nosotros, vosotros, ellos, ellas, ustedes nicht zwangsläufig in Satzkonstruktionen auftauchen müssen. Das liegt vor allem daran, dass die Verbendung das jeweilige Personalpronomen angibt.

Erklärung:
Die nachfolgenden Formulierungen sind gleichbedeutend.

Hablo alemán. Yo hablo alemán. Ich spreche Deutsch.

Keine der Formulierungen ist falsch. Die gängige Verwendung im spanischen Sprachgebrauch ist allerdings die Verwendung ohne das zusätzliche Personalpronomen.

Für die reflexiven Verben und deren Bildung sollten Sie vor allem die sogenannten „pronombres reflexivos", die **Reflexivpronomen**, kennen.

Anzahl (Numerus)	**Person**	**Geschlecht (Genus)**	**Subjekt**	**Reflexivpronomen**	**Beispiel Übersetzung**
Singular (Einzahl)	1	m, w	yo	me	mich
	2	m, w	tú	te	dich
	3	m	él	se	sich
		w	ella		
		Höflichkeitsform	usted		
Plural (Mehrzahl)	1	m	nosotros	nos	uns
		w	nosotras		
	2	m	vosotros	os	euch
		w	vosotras		
	3	m	ellos	se	sich
		w	ellas		
		Höflichkeitsform	ustedes		

Im Spanischen werden die reflexiven Verben auch verbos reflexivos genannt. Das bedeutet nichts anderes, als dass sie sich auf das Verb zurückbeziehen. Bei der Verwendung zielen reflexive Verben darauf ab, eine Handlung auszudrücken, die sich auf ein handelndes Subjekt bezieht.

Was Sie für die Bildung wissen sollten?

Regeln für die Positionierung der Reflexivpronomen
Für die Verwendung von reflexiven Verben gilt folgende Formel:
Personalpronomen + Reflexivpronomen + konjugiertes Verb

Beispiel:	
Tú te duchas.	Du duschst dich.

Im Spanischen weisen die Personalpronomen eine Besonderheit auf. Personalpronomen (wie zum Beispiel yo, tú etc.) müssen nicht zwangsläufig verwendet werden. Sie können innerhalb des Satzes auch weggelassen werden, da die jeweilige Person sich anhand der Wortendung erkennen lässt. Die Nutzung ist daher optional.

Die reflexiven Verben werden wie Verben auf -ar, -er und -ir gebildet, sofern diese regelmäßig sind. Der einzige Unterschied hierbei: Sie stellen das Reflexivpronomen voran.

Beispiel:	
ducharse	duschen
(yo) **me** ducho	
(tú) **te** duchas	
él / ella / usted **se** ducha	
nosotros / nosotras **nos** duchamos	
vosotros / vosotras **os** ducháis	
ellos / ellas / ustedes **se** duchan	

In der Form des Infinitivs wird das Reflexivpronomen an das Verb angehängt.

Beispiel:	
llamar**se**	heißen

Ist das Verb konjugiert, steht das Reflexivpronomen IMMER vor dem konjugierten Verb. Schauen Sie sich hierzu das nachfolgende Beispiel an:

Yo me lavo. [Verb: lavarse → sich waschen]	Ich wasche mich.
La puerta se abre. [Verb: abrirse → sich öffnen]	Die Tür öffnet sich.

Im Imperativ oder auch imperativo, also der Befehlsform, positionieren Sie das Reflexivpronomen hinter dem Imperativ, sofern es sich um einen „bejahten Imperativ" handelt. Es wird also an das konjugierte Verb angehängt.

¡Duérme**te**!	Schlaf ein!

Wird der Imperativ hingegen verneint, platzieren Sie das Reflexivpronomen hinter der Verneinung und vor dem konjugierten Verb.

¡No **te** duermas!	Schlaf nicht ein!

Hinweis:
Ob ein Verb reflexiv ist oder nicht, können Sie nicht aus dem Deutschen ableiten. Das liegt vor allem daran, dass einige Verben, die im Spanischen zu den reflexiven Verbformen gehören, in der deutschen Sprache nicht als reflexive Verben geführt werden. Zu den Verben, die nur im spanischen Sprachgebrauch reflexiv sind, zählen dabei beispielsweise:

Beispiel:

quedarse	bleiben
romperse	zerbrechen
levantarse	aufstehen
dormirse	einschlafen

Zu den Verben, die nur im Deutschen reflexiv sind, zählen:

Beispiel:

sich auswirken auf	repercutiren
sich verbessern	mejorar
sich verschlechtern	empeorar
sich verändern	cambiar

Eine weitere Besonderheit ergibt sich im Hinblick auf die reflexiven Verben hinsichtlich der Bedeutungsveränderung der Verben. Im spanischen Wortschatz existieren Verben, die Sie sowohl im reflexiven als auch im nicht-reflexiven Kontext verwenden können.

Nicht-reflexives Verb	**Übersetzung**	**Reflexives Verb**	**Übersetzung**
encontrar	finden, treffen	encontrarse	sich befinden
ir	gehen	irse	weggehen
perder	verlieren	perderse	verloren gehen
llamar	rufen	llamarse	heißen
llevar	hinbringen	llevarse	mitnehmen
volver	zurückkehren	volverse	sich verwandeln / werden

Auf einen Blick:

Die reflexiven Verben im Spanischen

- Eine weitere Besonderheit ergibt sich innerhalb der spanischen Sprache im Hinblick auf die Verwendung der Personalpronomen. Diese müssen nicht zwangsläufig im Satzgefüge angeführt werden, da die entsprechende Verbendung bereits die korrekte Formulierung angibt und die verwendete Person erkennen lässt.
- Das Reflexivpronomen verändert seine Position je nachdem, in welchem Kontext sowie in welchem Verbmodus es verwendet wird (hierzu im nachfolgenden Kapitel mehr).
- Im bejahten Imperativ wird das Reflexivpronomen angehängt.
- Die Reflexivpronomen lassen sich nicht aus dem Deutschen ableiten und andersherum.

Übung reflexive Verben

Bringen Sie die reflexiven Verben in die korrekte Form, indem Sie das passende Reflexivpronomen verwenden.

Ella ____________ ducha.
(Sie duscht.)

Vosotros ____________ sentaís.
(Ihr setzt euch.)

Ellas _______________ levantan.
(Sie stehen auf.)

Nosotros ____________ acostamos.
(Wir gehen ins Bett.)

Tú ____________ peinas.
(Du kämmst dein Haar.)

Él ____________ acuesta
(Er geht ins Bett.)

Yo ____________ baño.
(Ich bade mich.)

Tú ____________ llamas Jorge.
(Du heißt Jorge.)

Bringen Sie das reflexive Verb in die passende Konjugation.

nos ______________ (ducharse)
(sie duschen)

me ______________ (peinarse)
(ich kämme mich)

me ______________ (ponerse)
(ich setze mich)

se _______________ (interesarse)
(sie interessieren sich für)
te _______________ (levarse)
(du stehst auf)

Die Lösungen zu dieser Aufgabe finden Sie am Ende des Kapitels in einem separaten Lösungskapitel.

Die unterschiedlichen Modi des Verbs – Die Grundlagen

Bei den Verbformen wird im Spanischen zwischen drei unterschiedlichen Modi (*modo del verbo*) unterschieden:

- der Indikativ – el indicativo (die Wirklichkeitsform),
- der Subjuntivo (diesen Modus gibt es im Deutschen nicht, er kann jedoch in manchen Fällen mit dem Konjunktiv verglichen werden),
- der Imperativ (die Befehlsform) sowie
- das Gerundium – el gerundio.

Indikativ

Im Indikativ werden **Fakten oder Tatsachen** wiedergegeben. Für die Formulierung klassischer Hauptsätze verwenden Sie den Indikativ.

Beispiel:
Nina da un libro a su novia.
(Nina gibt ihrer Freundin ein Buch.)

Imperativ

Im Imperativ, also in der Befehlsform, wird eine **Bitte** ausgedrückt. Er kann auch zum Ausdruck einer **Aufforderung** verwendet werden. Der Imperativ steht immer im Präsens.

Beispiel:
Tra más frutas, por favor.
(Bring mir bitte mehr Früchte mit.)

No compres café descafeinado, por favor.
(Kauf bitte keinen entkoffeinierten Kaffee.)

Subjuntivo

Im Subjuntivo wird innerhalb des Spanischen etwas **Unbestimmtes, nicht Erlebtes oder Irreales** beschrieben. Dieser Modus drückt beispielsweise Zweifel, Gefühle, Erwartungen, persönliche Meinungen, Wünsche, Bewertungen sowie Vorlieben aus. Außerdem wird der Subjuntivo häufig im Rahmen von Nebensatzkonstruktionen verwendet, wenn ein verneinter Hauptsatz vorangestellt ist.

Beispiel:
No creo que puedo ir al gimnasio hoy.
(Ich glaube nicht, dass ich heute zum Sport gehen kann.)

Quiero que hables con tu madre.
(Ich will, dass du mit deiner Mutter redest.)

Odio que haya tanto ruido cuando estoy trabajando.
(Ich hasse es, wenn es so laut ist, wenn ich arbeite.)

Quiero que me invites a una bebida.
(Ich möchte, dass du mich auf ein Getränk einlädst.)

Elena ordeno que limpies tu habitacíon.
(Elena befiehlt dir, dein Zimmer aufzuräumen.)

Melina alegre de que tu vengas.
(Melina freut sich, dass du kommst.)

No creo que Martina lo entienda.
(Ich glaube nicht, dass Martina es versteht.)

Gerundium

Zuletzt bleibt das Gerundium. Dieses stellt eine unveränderliche Form des Verbes dar und bezeichnet immer einen **bestimmten Vorgang**. In diesem Modi wird das Verb aufgrund seiner Unveränderlichkeit nicht konjugiert. Die Endung des gerundio ist unveränderlich. Die Bildung des Gerundiums gestaltet sich dabei wie folgt:

Zur Bildung wird das Hilfsverb „estar" (sein) verwendet und dieses wird im Anschluss mit dem Gerundium kombiniert.

Beispiel:	
Martin y Thomas están trabajando.	Martin und Thomas arbeiten (gerade).

Wird das gerundio mit dem Verb „estar" (sein) gebildet, bezeichnet es einen Vorgang, der sich im Moment des Sprechens abspielt.

Merksatz:
estár + gerundio = Vorgang im Moment des Sprechens

Grundsätzlich können Sie sich für die Bildung des Gerundiums merken, dass es sich aus dem jeweiligen Verbstamm und je nach Verbendung durch die Endungen „**-ando**" oder „**-iendo**" gebildet wird. Was bedeutet das für die unterschiedlichen Verbgruppen? Was sollten Sie sich für diese einprägen?

Eine Übersicht:
Verben auf -ar: trabajar (arbeiten) → trabajando
Verben auf -er: comer (essen) → comiendo
Verben auf -ir: escribir (schreiben) → escribiendo

Die Bildung des gerundio gestaltet sich anhand eines Beispiels dann wie folgt:

Beispiel:	
Estoy preparando la comida. [estar + Verb im gerundio]	Ich bereite gerade das Essen vor.

Auf einen Blick:

Das Verb im Spanischen

- Bei den Verben im Spanischen wird zwischen drei unterschiedlichen Modi unterschieden. Zu diesen gehören der Indikativ, der Subjuntivo sowie der Imperativ.
- Mit dem gerundio wird eine unveränderbare Verbform beschrieben, die einen spezifischen Vorgang abbildet.
- Die Bildung des gerundio erfolgt durch das Hilfsverb estar sowie die Endung der entsprechenden Verbform.

Übung zur Bildung der Modi

Bilden Sie den Indikativ der nachfolgenden Verben.

Hoy Maria y Susanna (comer) ______________ con Ana.
(Heute essen Maria und Susanna mit Ana.)

Aline (cantar) ____________ en un coro de la iglesia.
(Aline singt in einem Kirchenchor.)

Yo (sacudir)_____________ la alfombra.
(Ich schüttele den Teppich aus.)

Ellos (esperar) ______________ a su abuelos.
(Sie warten auf ihre Großeltern.)

Konjugieren Sie die Verben im Subjuntivo in der korrekten Form.

nosotros (vivir)_____________

tú (hablar) _________________

vosotras (leer) _____________

ellos (escribir) _______________

Ergänzen Sie die Tabelle im Imperativ.

Infinitiv	Imperativ
correr (tú)	
hablar (usted)	
dormir (ustedes)	
cantar (nosotros)	
aprender (vosotros)	

Bilden Sie das Gerundium in der korrekten Form.

Jana (escribir) ____________ una carta.
(Jana schreibt gerade einen Brief.)

Yo (estudiar) ___________ inglés ahora.
(Ich lerne gerade Englisch.)

Los niños (levantarse) _____________.
(Die Kinder sind gerade aufgestanden.)

La camarera (servir) _____________ la comida.
(Die Kellnerin serviert gerade das Essen.)

Die Lösungen zu dieser Aufgabe finden Sie am Ende des Kapitels in einem separaten Lösungskapitel.

Unregelmäßige Verben

Die regelmäßigen Verbkonjugationen haben Sie bereits kennengelernt. Weicht die Bildung eines Verbes von diesen Regelmäßigkeiten ab, spricht man von unregelmäßigen Verben. Neben den regelmäßigen Verben, die Sie im Fortlauf kennengelernt haben, existiert somit eine Vielzahl an unregelmäßigen Verben. Hier gibt es Ausnahmen zu den oben angeführten Regeln, weshalb Ihnen diesbezüglich keine andere Möglichkeit bleibt, als diese Formen zu lernen.

Die unregelmäßigen Verben weisen jedoch im Spanischen eine Besonderheit auf: Die Endungen für die verschiedenen unregelmäßigen Verbgruppen weichen nicht unbedingt von denen der regelmäßigen Verben ab. Vielmehr ergeben sich Unregelmäßigkeiten im Verbstamm, die Sie im Kopf haben sollten.

Beispiel:
pedir (bitten) – Präsens (unregelmäßig)
yo pido
tú pides
él / ella / usted pide
nosotros / nosotras pedimos
vosotros / vosotras pedís
ellos / ellas / ustedes piden

Merksatz:
Zu den Verben, die sich verhalten wie das Verb „pedir“, zählen die nachfolgenden Verben:

- elegir (auswählen)
- medir (messen)
- impedir (verhindern)
- seguir (folgen)
- sonreir (lachen)
- conseguir (überzeugen)
- vestir (kleiden)

In diesen Fällen wird das „e“ des Infinitivs zu „i“.

Darüber hinaus gibt es die Verbgruppen, bei denen „i“ zu „y“ wird.

Beispiel:
construir (bauen) – Präsens (unregelmäßig)
yo construyo
tú construyes
él / ella / usted construye
nosotros / nosotras construimos
vosotros / vosotras construís
ellos / ellas / ustedes construyen

Merksatz:
Zu den Verben, die sich verhalten wie das Verb „construir“, zählen die nachfolgenden Verben:

- concluir (lösen)
- excluir (ausschließen)
- incluir (einschließen)
- obstruir (blockieren)
- sunstituir (ersetzen)
- atribuir (zuschreiben, attribuieren)
- huir (fliehen)

In diesen Fällen wird das „i“ des Infinitivs zu „y“.

Neben diesen unregelmäßigen Verben gibt es natürlich, wie auch in anderen Sprachen, Verben, die vollständige Unregelmäßigkeiten aufweisen. Diese unregelmäßigen Verben haben aber bereits in der Infinitivform eine Unregelmäßigkeit, wodurch es Ihnen leicht fallen wird, diese zu erkennen.

Beispiel:
ser (sein) – Präsens (unregelmäßig)
yo soy
tú eres
él / ella / usted es
nosotros / nosotras somos
vosotros / vosotras sois
ellos / ellas / ustedes son

Diese Verben sollten Sie ebenso wie die anderen Unregelmäßigkeiten auswendig kennen. So vermeiden Sie einige Fehler.

Abschließend erhalten Sie eine Auflistung der gängigsten unregelmäßigen Verben im Spanischen in den Zeitformen, die Sie bereits kennengelernt haben.

Wichtige unregelmäßige Verben im presente:

Verb	Übersetzung	Konjugation
caber	passen, hineinpassen, fügen, gehen	quepo, cabes, cabe, cabemos, cabéis, caben
caer	fallen, herunterfallen, hineinfallen	caigo, caes, cae, caemos, caéis, caen
dar	geben	doy, das, da, damos, dais, dan
decir	sagen	digo, dices, dice, decimos, decís, dicen
estar	sein	estoy, estás, está, estamos, estáis, están
hacer	machen, tun	hago, haces, hace, hacemos, hacéis, hacen
ir	gehen, fahren	voy, vas, va, vamos, vais, van
oír	hören	oigo, oyes, oye, oímos, oís, oyen
oler	riechen	huelo, hueles, huele, olemos, oléis, huelen
poner	setzen, stellen, legen	pongo, pones, pone, ponemos, ponéis, ponen
saber	wissen	sé, sabes, sabe, sabemos, sabéis, saben
salir	losfahren, weggehen, aussteigen, ausgehen	salgo, sales, sale, salimos, salís, salen
ser	sein	soy, eres, es, somos, sois, son

tener	haben	tengo, tienes, tiene, tenemos, tenéis, tienen
traer	bringen, herholen	traigo, traes, trae, traemos, traéis, traen
valer	nützen, taugen, kosten, gelten	valgo, vales, vale, valemos, valéis, valen
venir	kommen	vengo, vienes, viene, venimos, venís, vienen
ver	sehen, erblicken	veo, ves, ve, vemos, veis, ven

Wichtige unregelmäßige Verben im imperfecto:

Verb	**Übersetzung**	**Konjugation**
ir	gehen, fahren	iba, ibas, iba, íbamos, ibais, iban
ser	sein	era, eras, era, éramos, erais, eran
ver	sehen, erblicken	veía, veías, veía, veíamos, veíais, veían

Wichtige unregelmäßige Verben im indefinido:

Verb	Übersetzung	Konjugation
andar	gehen, wandern	anduve, anduviste, anduvo, anduvimos, anduvisteis, anduvieron
caber	passen	cupe, cupiste, cupo, cupimos, cupisteis, cupieron
caer	fallen	caí, caíste, cayó, caímos, caísteis, cayeron
conducir	fahren	conduje, condujiste, condujo, condujimos, condujisteis, condujeron
construer	bauen	construí, construiste, construyó, construimos, construisteis, construyeron
dar	geben	di, diste, dio, dimos, disteis, dieron
decir	sagen	decir (sagen) dije, dijiste, dijo, dijimos, dijisteis, dijeron
estar	sein	estuve, estuviste, estuvo, estuvimos, estuvisteis, estuvieron
haber	haben	hube, hubiste, hubo, hubimos, hubisteis, hubieron
hacer	machen	hice, hiciste, hizo, hicimos, hicisteis, hicieron
ir/ser	gehen	ser (sein) fui, fuiste, fue, fuimos, fuisteis, fueron
leer	lesen	leí, leíste, leyó, leímos, leísteis, leyeron
oír	hören	oí, oíste, oyó, oímos, oísteis, oyeron
poder	können	pude, pudiste, pudo, pudimos, pudisteis, pudieron
poner	setzen, stellen, legen	puse, pusiste, puso, pusimos, pusisteis, pusieron

querer	lieben, möchten, wollen	quise, quisiste, quiso, quisimos, quisisteis, quisieron
saber	wissen	supe, supiste, supo, supimos, supisteis, supieron
tener	haben	tuve, tuviste, tuvo, tuvimos, tuvisteis, tuvieron
traducer	übersetzen	traduje, tradujiste, tadujo, tradujimos, tradujisteis, tradujeron
traer	bringen, herbringen	traje, trajiste, trajo, trajimos, trajisteis, trajeron
venir	kommen	vine, viniste, vino, vinimos, vinisteis, vinieron

Unregelmäßigkeiten bei der Bildung des Futuro

Im futuro äußern sich die Ausnahmen in Veränderungen des Infinitivstamms. Die Endungen des futuro hingegen bleiben immer gleich. Sehen Sie hierzu die nachfolgende Auflistung:

Verb	Infinitivstamm im futuro	Übersetzung
caber	cabr-	passen, hineinpassen
decir	dir-	sagen, reden
haber	habl-	haben
hacer	har-	machen, tun
poder	podr-	können
poner	pondr-	setzen, stellen, legen
querer	querr-	wollen
saber	sabr-	wissen
salir	saldr-	gehen, hinausgehen
tener	tendr-	haben, besitzen
valer	valdr-	nützen
venir	vendr-	kommen

Übung zu den unregelmäßigen Verben

Konjugieren Sie die nachfolgenden unregelmäßigen Verben in der korrekten Form. Achten Sie auf die jeweilige Person.

Person	Verb im Infinitiv	konjugiertes Verb im Präsens
yo		
tú		
él / ella / usted		
nosotros /nosotras		
vosotros / vosotras		
ellos / ellas / ustedes		

Yo (saber) ___________qué regla tenemos que usar.
(Ich weiß, welche Regel wir verwenden müssen.)

María y Martín (ir)___________ a la playa.
(Maria und Martin gehen zum Strand.)

Ana (dar) _________ sus deberes al profesor de historia.
(Ana gibt dem Geschichtslehrer ihre Hausaufgaben.)

Die Lösungen zu dieser Aufgabe finden Sie am Ende des Kapitels in einem separaten Lösungskapitel.

Die Unterscheidung von ser und estar

Die Verben „ser“ und „estar“ (beide: sein) führen bei Lernenden immer wieder zu Verwirrung. Dies liegt nicht zuletzt daran, dass sie zwar die gleiche Bedeutung haben, aber in unterschiedlichen Kontexten verwendet werden. Schauen wir uns dies einmal genauer an.

Personalpronomen	**ser**	**estar**
yo	soy	estoy
tú	eres	estás
él / ella / usted	es	está
nosotros / nosotras	somos	estamos
vosotros / vosotras	sois	estáis
ellos / ellas / ustedes	son	están

Das Verb „ser“ verwenden Sie, wenn Sie beabsichtigen, Zustände oder Eigenschaften zu beschreiben, die ***andauern***. Hierzu gehören beispielsweise

- Nationalitäten,
- Herkunft,
- persönliche Vorstellungen,
- Charaktereigenschaften,
- Eigenschaften von Dingen,
- Berufe,
- Besitz,
- Datum und Uhrzeit sowie
- Preise.

Beispiel:
Mi abuelo es una persona sincera.
(Mein Großvater ist eine aufrichtige Person.)

La silla es de madera.
(Der Stuhl ist aus Holz.)

Antes de jubilarse, mi papa era carpintero.
(Vor seiner Rente war mein Vater Schreiner.)

Anders als „ser“ verwenden Sie das Verb „estar“ nur für temporäre Zustände, die ***vorübergehen***. „Estar“ wird daher in folgenden Situationen genutzt:

- persönliches Empfinden,
- allgemeine Umstände,

- zur Angabe von Orten,
- als Hilfsverb im Gerundium sowie
- zur Bewertung von Dingen und auch Sachverhalten.

Beispiel:
La comida era muy sabrosa.
(Das Essen war sehr lecker.)

Estamos estudiando italiano.
(Wir lernen gerade Italienisch.)

Maria está feliz.
(Maria ist glücklich.)

Auf einen Blick:

Die Unterscheidung von ser und estar

- Innerhalb der spanischen Sprache haben Sie zwei Möglichkeiten, das Verb „sein" auszudrücken.
- „Ser" verwenden Sie, wenn Sie Eigenschaften beschreiben wollen, die von Dauer sind. Dazu gehören auch Charaktereigenschaften, Herkunft und Nationalität, die Beschreibung des Berufs sowie Eigenschaften von Dingen.
- „Estar" nutzen Sie, wenn Sie einen kurzzeitigen Zustand beschreiben wollen.

Übung zur Unterscheidung von ser und estar

Bestimmen Sie, ob „ser" oder „estar" verwendet wird, und konjugieren Sie das Verb in der korrekten Form.

Martina (ser / estar) ____________ la hermana de Susanna.
(Martina ist die Schwester von Susanna.)

Hoy (ser / estar) ______________ el ocho de mayo.
(Heute ist der 8. Mai.)

Los platos (ser / estar) ____________ limpios.
(Die Teller sind sauber.)

El coche (ser / estar) _____________ en la garaje.
(Das Auto ist in der Garage.)

Elena (ser / estar) __________ en Valencia para un mes.
(Elena ist für einen Monat in Valencia.)

Die Lösungen zu dieser Aufgabe finden Sie am Ende des Kapitels in einem separaten Lösungskapitel.

Der Gebrauch von „hay"

„Hay" ist nicht nur die dritte Form Singular des Verbes „hacer", sondern auch eine sogenannte unveränderliche und unpersönliche Sonderform. „Hay" wird im Spanischen sehr häufig und in vielen verschiedenen Situationen verwendet. Der geläufigste Gebrauch ist in etwa dem deutschen „es gibt" gleichzusetzen.

Ein Beispiel:
„Hay problemas." = Es gibt Probleme.

Hay kann aber auch je nach Situation eine andere Bedeutung einnehmen. So kann es ebenfalls für die folgenden Ausdrücke verwendet werden:

- stattfinden / es findet statt
- sein / sind
- liegen / es liegen/ liegt
- sitzen / es sitzt, sitzen
- befinden / es befindet sich

Beispiele:
Hay un concierto en el teatro = Im Theater findet ein Konzert statt.

Hay mucha gente = Hier sind viele Leute. / Viele Leute sind vor Ort.

En las clase hay 28 alumnos = In der Klasse sind 28 Schüler.

En la mesa hay dos libros = Auf dem Tisch liegen zwei Bücher.

No hay nadie en el teatro = Niemand ist im Theater. / Niemand befindet sich im Theater.

„Hay" kann also eine ähnliche Bedeutung wie „ser" und „estar" haben: sein. Die Verwendung von „hay" ist der von „estar" ähnlich. „Hay" ist allerdings, wie bereits erwähnt, unpersönlich. „Estar" wiederum wird persönlich verwendet.

Ein Beispiel:
Aquí están mis libros = Hier sind meine Bücher.
Aquí hay libros = Hier sind Bücher. / Hier gibt es Bücher.

„Hay“ wird generell für unzählbare Mengen (beispielsweise „niemand“, „viele“) und unbestimmte Zahlen verwendet („es gibt“).

VOKABELSAMMLUNG – EINE ÜBERSICHT

Im Anschluss finden Sie eine Liste mit den wichtigsten spanischen Verben, die Anfänger kennen sollten.

Spanisch	Deutsch
lavarse	sich waschen
ducharse	sich duschen
bañarse	baden
aburrirse	sich langweilen
casarse	heiraten
acostarse	sich hinlegen / schlafen gehen
acordarse	sich erinnern
llamarse	heißen
sentarse	sich (hin-)setzen
vestirse	sich anziehen (Kleidung tragen)
peinarse	sich kämmen
irse	weggehen
cambiarse	sich umziehen
dormirse	einschlafen
quedarse	bleiben
ser	sein
estar	sein
tener	haben
hacer	machen
ir	gehen / fahren
poder	können
saber	wissen
poner	setzen / stellen / legen
haber	haben
decir	sagen
querer	wollen
hablar	sprechen

dar	geben
quedar	treffen / bleiben
tomar	nehmen / trinken
necesitar	benötigen
leer	lesen
contar	zählen
correr	rennen
creer	glauben
deber	besitzen
aceptar	akzeptieren
ayudar	helfen
comenzar	anfangen
empezar	beginnen
estudiar	studieren
explicar	erklären
intentar	beabsichtigen
pagar	bezahlen
perder	verlieren
preguntar	fragen
ofrecer	anbieten
jugar	spielen
seguir	folgen
salir	ausgehen
recordar	erinnern
tratar	behandeln
traer	bringen
tocar	spielen
sentir	fühlen
bailar	tanzen
andar	zu Fuß gehen
buscar	suchen
caer	jemanden nicht mögen
caerse	hinfallen
callar	schweigen
cambiar	verändern / wechseln

celebrar	feiern
cerrar	schließen
cocinar	kochen
comprar	kaufen
conocer	kennen
conducir	fahren
costar	kosten
decidir	entscheiden
limpiar	putzen
morir	sterben
mover	bewegen
escuchar	zuhören
oler	riechen
olvidar	vergessen
entender	verstehen
dormir	schlafen
despertarse	aufwachen
dejar	aufhören

Beispielsätze

Anton se cambia su opinión con regularidad.
(Anton ändert seine Meinung regelmäßig.)

Elena ya sabe contar hasta 100.
(Elena kann schon bis 100 zählen.)

Milan empieza a tocar la guitarra esta noche.
(Milan beginnt heute Abend mit dem Gitarrespielen.)

Emil se lava el pelo con regularidad.
(Emil wäscht sich regelmäßig die Haare.)

Milana odia levantarse por la mañana.
(Milana hasst es, am Morgen aufzustehen.)

Lösungen zu den Übungen

In diesem Kapitel finden Sie die Lösungen zu den Übungen der vorangegangenen Erläuterungen.

Übung zu den spanischen Verben im Präsens

hablar (sprechen)

Personalpronomen	Verb
yo	hablo
tú	hablas
él, ella, usted	habla
nosotros	hablamos
vosotros	habláis
ellos, ellas, ustedes	hablan

comprender (verstehen)

Personalpronomen	Verb
yo	comprendo
tú	comprendes
él, ella, usted	comprende
nosotros	comprendemos
vosotros	comprendéis
ellos, ellas, ustedes	comprenden

recibir (erhalten)

Personalpronomen	Verb
yo	recibo
tú	recibes
él, ella, usted	recibe
nosotros	recibimos
vosotros	recibís
ellos, ellas, ustedes	reciben

Übung zu den reflexiven Verben

Verwendung des Reflexivpronomens
Ella **se** ducha.
Vosotros **vos** sentaís.
Ellas **se** levantan.
Nosotros **nos** acostamos.
Tú **te** peinas.
Él **se** acuesta
Yo **me** baño.
Tú **te** llamas.

Konjugation des Reflexivpronomens
nos **duchamos** (ducharse)
me **peino** (peinarse)
me **pongo** (ponerse)
se **interesa** (interesarse)
te **levas** (levarse)

Übung zur Bildung der Modi

Bildung des Indikativs
Hoy Maria y Susanna (comer) **comen** con Ana.
Aline (cantar) **canta** en un coro de la iglesia.
Yo (sacudir) **sacudio** la alfombra.
Ellos (esperar) **esperan** a su abuelos.

Konjugation des Subjuntivo
nosotros (vivir) vivamos
tú (hablar) hables
vosotras (leer) leáis
ellos (escribir) escriban

Bildung des Imperativs

Infinitiv	**Imperativ**
correr (tú)	¡Corre!
hablar (usted)	¡Hable!
dormir (ustedes)	¡Duerman!
cantar (nosotros)	¡Cantemos!
aprender (vosotros)	¡Aprended!

Bildung des Gerundiums
Jana (escribir) está escribiendo una carta.
Yo (estudiar) estoy estudiando inglés ahora.
Los niños (levantarse) se están levantándo.
La camarera (servir) está sirviendo la comida.

Übung zu den unregelmäßigen Verben

Person	Verb im Infinitiv	konjugiertes Verb im Präsens
yo	pensar (denken)	pienso
tú	construir (konstruieren / bauen)	construyes
él / ella / usted	dormir (schlafen)	duerme
nosotros /nosotras	jugar (spielen)	jugamos
vosotros / vosotras	decir (sagen)	decís
ellos / ellas / ustedes	tener (haben)	tienen

Yo (saber) **sé** qué regla tenemos que usar.
María y Martín **van** a la playa.
Ana **da** sus deberes al profesor de historia.

Übung zur Unterscheidung von ser und estar

Martina (ser / estar) **es** la hermana de Susanna.
Hoy (ser / estar) **está** el ocho de mayo.
Los platos (ser / estar) **son** limpios.
El coche (ser / estar) **está** en la garaje.
Elena (ser / estar) **está** en Valencia para un mes.

EINE KURZGESCHICHTE

Audiodatei 5

Kurzgeschichte: Ein Neuanfang

Spanisch	Deutsch
"¡Estoy trabajando ahora mismo!", le grita Miguel a su hermano pequeño Otto. "¡No soy un estudiante como tú!", le explica. Miguel está molesto. Siempre le interrumpe su hermano.	„Ich arbeite gerade!“, schreit Miguel seinen kleinen Bruder Otto an. „Ich bin kein Schüler, so wie du!“, erklärt er. Miguel ist verärgert. Immer wird er von seinem Bruder unterbrochen.
Otto no entiende que, por estar en casa, no pueda jugar con él. Por eso, toma una decisión después de hacer su trabajo: mudarse de la casa paterna es inminente.	Otto versteht einfach nicht, dass er, nur, weil er zu Hause war, dennoch nicht mit ihm spielen konnte. Aus diesem Grund fasst er nach der Erledigung seiner Arbeit einen Entschluss: Der Auszug aus dem Elternhaus steht bevor.
Tras contárselo a su madre, se pone a buscar piso: "¡Estoy buscando pisos ahora mismo!" Su madre no tarda en enterarse también.	Nachdem er seiner Mutter davon berichtet hat, setzt er sich an die Wohnungssuche. Es dauert nicht lange, bis auch seine Mutter davon mitbekommt.
"¿Qué haces?", quiso saber. "Estoy buscando pisos". Esta frase todavía le parecía irreal. Pero había llegado el momento.	„Was machst du da?“, wollte sie wissen. „Ich suche gerade Wohnungen!“, dieser Satz schien ihm irgendwie noch unwirklich. Aber es war so weit.

Lektion 3: Adjektive und Adverbien

Adjektive im Spanischen

Adjektive (adjetivos) können im Spanischen vor oder hinter dem Substantiv stehen, auf das sie Bezug nehmen. Hierbei ist die Stellung abhängig von der Art des Adjektivs sowie von der Bedeutung, die der Satz haben soll.

Grundsätzlich gilt, dass das Adjektiv hinter dem Substantiv steht und Adjektive sich in der Ein- und Mehrzahl nach dem jeweiligen Geschlecht des Substantivs richten.

Erläuterung	Übersetzung	Spanisch
Einzahl, männlich	ein hübscher Mann	un hombre guapo
Einzahl, weiblich	eine hübsche Frau	una mujer guapa
Mehrzahl, männlich	zwei hübsche Männer	dos hombres guapos
Mehrzahl, weiblich	zwei hübsche Frauen	dos mujeres guapas

Auch wenn das Adjektiv in aller Regel hinter dem Substantiv steht, kann es im Rahmen von Satzkonstruktionen an unterschiedlichen Positionen im Satz auftauchen. Diese erhalten Sie nachfolgend noch einmal im Überblick.

- Satzkonstruktionen, bei denen das Adjektiv als Teil des Prädikats hinter einem Verb steht

Beispiel:
La mesa es verde.
(Der Tisch ist grün.)

- Satzkonstruktionen, bei denen das Adjektiv vor dem Substantiv steht

Beispiel:
Me das la bonita flor.
(Du schenkst mir die schöne Blume.)

- Satzkonstruktionen, bei denen das Adjektiv als Mengenangabe vor dem Substantiv steht

Beispiele:

muchos caballos	viele Pferde
el primer capítulo	das erste Kapitel

- Satzkonstruktionen, bei denen das Adjektiv als Adverb vor dem Substantiv steht:

Zur Information: Adjektive werden vorangestellt, wenn sie als Adverbien verwendet werden. Hier beschreibt das Adjektiv dann keine Eigenschaften, sondern ein Merkmal, das dem Substantiv zugesprochen wird (jedoch nur unter bestimmten Umständen).

Beispiel:

una vieja amiga	eine langjährige Freundin

Für Adjektive mit der Endung -o ergibt sich eine Besonderheit, wenn diese vor einem Substantiv stehen. Hierbei fällt die Endung -o vor dem Substantiv weg. Schauen Sie sich hierzu die Gegenüberstellung im nachfolgenden Beispiel an.

Beispiele:

el primer libro	el libro primero	das erste Buch
la primera novela	la novela primerader erste Roman	
las primeras palabras	las palabras primeras	die ersten Worte

Hierbei ist zu beachten, dass sich die weiblichen Formen und auch der Plural nicht verändern.

Darüber hinaus verliert das Adjektiv **grande** (groß, wichtig, großartig) in der Einzahl seine Endung -de, sofern es vor einem Substantiv platziert wird. Auswirkungen auf den Plural hat dies jedoch nicht.

Beispiele:

el gran violinista	der großartige Geiger
la gran actriz	die großartige Schauspielerin
la gran pianista	die großartige Pianistin
los grandes músicos	die großartigen Musiker

Hinsichtlich der Positionierung eines Adjektivs sollten Sie außerdem beachten, dass sich je nach Stellung ein Bedeutungswandel ergeben kann. Die Unterscheidung wird im nachfolgenden Beispiel deutlich:

Beispiele:

una mujer grande (eine große (hochgewachsene) Frau)	una gran mujer (eine großartige Frau)
una vieja amiga (eine langjährige Freundin)	una amiga vieja (eine alte Freundin)
mi antigua casa (mein ehemaliges Haus)	una casa antigua (ein altes Haus)
una curiosa niña (ein seltsames Mädchen)	una niña curiosa (ein neugieriges Mädchen)

Was bedeutet das für die Regeln bei der Stellung der spanischen Adjektive?

Regeln für die Positionierung der Adjektive *hinter* dem Substantiv

Grundsätzlich wird das Adjektiv im Spanischen nach dem Substantiv positioniert. Dies gilt für die nachfolgenden Fälle:

- Farben und Formen

Beispiel:
el techo rojo — das rote Dach

- Nationalitäten

Beispiel:
la bandera alemana — die deutsche Flagge

- Religionszugehörigkeiten

Beispiel:
la fe musulmana — der muslimische Glaube

- Aneinanderreihung von mehreren Adjektiven

Beispiel:
el tren verde y blanco — der grün-weiße Zug

- Adjektive in Kombination mit Adverbien

Beispiel:
una conexión muy rápida — eine sehr schnelle Verbindung

Wird das Adjektiv vor dem Substantiv positioniert, gelten die nachfolgenden Regeln:

Regeln für die Positionierung der Adjektive *vor* dem Substantiv
In den folgenden Fällen steht das Adjektiv vor dem Substantiv:

- Adjektive, die als Ordnungszahlen verwendet werden

Beispiel:

la segunda opción	die zweite Möglichkeit

- der Superlativ eines Adjektivs

Beispiel:

el mejor lugar	der beste Ort

- Adjektive, die eine Reihenfolge markieren

Beispiel:

la última llamada	der letzte Aufruf

- Adjektive, die zu festen Redewendungen gehören

Beispiel:

tener buena suerte	Glück haben
tener mala suerte	Pech haben

- Adjektive, die eine Wertung anzeigen oder die subjektive Wahrnehmung widerspiegeln

Beispiel:

impresionantes animales	beeindruckende Tiere

Abschließend ist zu sagen, dass sich die Endung des Adjektivs sowohl an die Anzahl als auch an das Geschlecht des jeweiligen Substantives anpasst. Maskuline Adjektive enden im Singular auf -o. Für den Plural ergibt sich hieraus die Endung -os.

Beispiel:

divertido	lustig
divertidos	lustige

Trifft die maskuline Form des Adjektivs nun auf ein feminines Subjektiv, ergibt sich die nachfolgende Situation:

Beispiel:

la fiesta divertida	die lustige Feier

Trifft die maskuline Form des Adjektivs hingegen auf ein maskulines Subjektiv, ergibt sich folgende Situation:

Beispiel:

el juego divertido	das lustige Spiel

Wie auch in anderen Sprachen gibt es innerhalb des Spanischen Ausnahmen. Bei diesen Ausnahmen verändert sich die Endung nicht. Hierzu zählen Adjektive, die auf -e oder -ista enden.

Beispiel:

verde	grün
fuerte	stark
nacionalista	nationalistisch
admirable	liebenswert

Verwenden Sie diese Adjektive in Kombination mit Substantiven, wird sowohl bei femininen als auch bei maskulinen Substantiven keine Anpassung vorgenommen. Diese Adjektive werden daher in beiden Geschlechtern, also sowohl in der maskulinen als auch in der femininen Form, gleich gebildet. Hierzu ein Beispiel:

Beispiel:

la hoja verde	das grüne Blatt
el pimiento verde	der grüne Pfeffer
las emocionas fuertes	die starken Gefühle
el abrazo fuerte	die starke Umarmung

Wenngleich die Endungen sowohl in der femininen als auch in der maskulinen Form gleichbleiben, so wird im Plural die Endung -s angehängt.

Beispiel:

las emociones fuertes	die starken Gefühle
el abrazo fuerte	die starke Umarmung

Auf einen Blick:

Adjektive im Spanischen

- Grundsätzlich stehen Adjektive innerhalb der spanischen Sprache hinter dem Substantiv.
- Dennoch gibt es einige Ausnahmen, die Sie lernen sollten, da diese vor dem Substantiv stehen.
- Darüber hinaus gibt es einige Adjektive, die nicht nur vor, sondern auch nach dem Substantiv stehen können. In diesem Kontext verändert sich jedoch ihre Bedeutung.
- Bei der Verwendung des Adjektivs wird dieses an das Substantiv angepasst.

Übung zu den Adjektiven

Fügen Sie die nachfolgenden Wörter in der korrekten Schreibweise in die Lücken ein. Achten Sie auf die korrekte Form und beachten Sie auch Singular und Plural.

bonito / bonita	schön
genial	genial
aburrido / aburrida	langweilig
grande	groß
divertido / divertida	lustig

Heute ist ein schöner Tag.	**Hoy es un dia ___________________.**
Meine Geschwister haben geniale Ideen.	Mis hermanos tienen ideas _________________.
Manchmal sind die Ferien langweilig.	A veces las vacaciones son ___________________.
Martin hat eine große Familie.	Martin tiene una familia _________________.
Dieser Film ist sehr lustig.	Este película es muy _________________.

Die Lösungen zu dieser Aufgabe finden Sie am Ende des Kapitels in einem separaten Lösungskapitel.

Adverbien im Spanischen

Adverbien werden im Spanischen *advervios* genannt. Sie beschreiben innerhalb von Satzkonstruktionen Vorgänge und Tätigkeiten. In einem Satz übernehmen Adverbien die Aufgabe, ein Verb, ein Adjektiv, ein anderes Adverb oder einen Satz spezifischer zu beschreiben.

Darüber hinaus können Sie Adverbien verwenden, um zu beschreiben, wo, wann und wie etwas vonstattengeht. Wollen Sie ein Adverb im Satz erkennen, können Sie somit W-Fragen verwenden:

- Wie macht jemand etwas?
- Wie sieht etwas aus?

Im spanischen Sprachgebrauch werden Adverbien in aller Regel von den Adjektiven abgeleitet. In ihrer Schreibweise können Sie diese häufig an der Endung -***mente*** erkennen. Kennen Sie ein Adjektiv, das beispielsweise auf -e endet, können Sie durch das Anhängen der Endung -mente das passende Adverb daraus formen.

Beispiel:

Adjektiv	Adverb
breve (kurz)	breve**mente** (kürzlich)
final (final)	final**mente** (endlich / abschließend)

Merksatz:
Sie bilden Adverbien aus Adjektiven, die auf -e enden, indem Sie die Endung -mente anhängen.

Endet ein Adjektiv hingegen auf die Endung -o, ersetzen Sie diese Endung durch die weibliche Form **-a**. Anschließend wird ebenfalls die Endung **-mente** angehängt.

Beispiel:

Adjektiv	**weibl. Form**	**Adverb**
tranquilo (ruhig)	tranquila	tranquila**mente** (ruhig)
rápido (schnell)	rápida	rápida**mente** (schnell)

Merksatz:
Sie bilden Adverbien aus Adjektiven, die auf -o enden, indem Sie die weibliche Form des Adjektivs (-a) verwenden und die Endung -mente anhängen.

Auch bei den Adverbien finden sich im Spanischen ein paar unregelmäßige Formen. Diese sollten Sie sich einprägen, da die Bildung nicht hergeleitet werden kann.

Beispiel:

Adjektiv	**Adverb**
bueno / buena	bien
malo / mala	mal

Eine weitere Besonderheit ergibt sich aus den Adjektiven, die als Adverbien nicht verändert und daher übernommen werden. Die gängigsten finden Sie nachfolgend:

Adjektiv / Adverb	Übersetzung
poco	wenig
mucho	viel
tanto	so (viel), so (sehr)
bastante	genug
pronto	schnell
caro	teuer

Finden sich innerhalb eines Satzes mindestens zwei Adverbien, ändern Sie ausschließlich beim ***letzten*** Adverb die Endung. Das erste Adverb wird in der weiblichen Form des Adjektivs verwendet.

Beispiel:
El perro se escapó lenta y silenciosamente.
(Der Hund rannte langsam und leise davon.)

Auf einen Blick:
Adverbien im Spanischen

- Im spanischen Sprachgebrauch werden Adverbien, sofern sie regelmäßig sind, in aller Regel von den Adjektiven abgeleitet.
- Adverbien aus Adjektiven, die auf -e enden, werden gebildet, indem Sie die weibliche Form des Adjektivs verwenden und die Endung -mente anhängen.
- Adverbien aus Adjektiven, die auf -o enden, bilden Sie, indem Sie die weibliche Form des Adjektivs verwenden und die Endung -mente anhängen.

Übung zu Adverbien

Bilden Sie aus den nachfolgenden Adjektiven Adverbien.

lento (langsam) ____________________
rápido (schnell) ____________________
feliz (glücklich) ____________________
professional (professionell) ____________________
timido (schüchtern) ____________________
normal (normal) ____________________
exacto (exakt) ____________________
probable (üblich, wahrscheinlich) ____________________
final (schließlich) ____________________
natural (natürlich) ____________________
absolute (absolut) ____________________
evidente (offensichtlich) ____________________
complete (komplett) ____________________
raro (selten, seltsam) ____________________

Die Lösungen zu dieser Aufgabe finden Sie am Ende des Kapitels in einem separaten Lösungskapitel.

EINE KURZGESCHICHTE

Audiodatei 6

Kurzgeschichte: Das Bild

Spanisch	**Deutsch**
El cuadro que pintó Anton resultó hermosamente. Hay muchos colores brillantes para ver, que se mezclan en una obra de arte pictórica.	Das Bild, das Anton gemalt hat, ist wunderschön geworden. Es sind viele bunte Farben zu sehen, die sich zu einem Kunstwerk malerisch miteinander vermischen.
La madre de Anton también piensa que la imagen es bonita. Nunca había pintado un cuadro tan hermoso.	Auch Antons Mutter findet das Bild hübsch. So ein schönes Bild hatte er noch nicht gemalt.
Y en realidad era muy rápido. Fue fácil para Anton hacer tales dibujos.	Und dabei war er sogar noch sehr schnell. Anton fiel es leicht, solche Bilder zu zeichnen.
En esos momentos se sentía como si estuviera en otro mundo. Por lo demás, tales situaciones eran raras.	Er war in diesen Momenten wie in einer anderen Welt. Solche Situationen fanden sich ansonsten nur selten.

Vokabelsammlung – eine Übersicht

Im Anschluss finden Sie eine Liste mit den wichtigsten Adjektiven, die Anfänger im Spanischen kennen sollten.

Spanisch	Deutsch
bueno / buena	gut
malo / mala	schlecht
grande	groß
pequeño / pequeña	klein
guapo /guapa	hübsch
feo / fea	hässlich
triste	traurig
rápido / rápida	schnell
lento / lenta	langsam
alto / alta	hoch / groß
bajo / baja	niedrig / klein
largo / larga	lang
corto / corta	kurz
caro / cara	teuer
barato / barata	billig
fácil	leicht
sencillo / sencilla	einfach
complicado / complicada	kompliziert
Sjoven	jung
viejo / vieja	alt
rico / rica	reich
pobre	arm
delicioso / deliciosa	lecker
repugnante	ekelhaft
inteligente	intelligent
listo / lista	schlau
tonto / tonta	dumm
común	gängig
raro / rara	selten, sonderbar
nuevo / nueva	neu
útil	nützlich

importante	wichtig
fuerte	stark
débil	schwach
cerrado / cerrada	geschlossen
vacío	leer
lleno	voll
despierto / despierta	wach
cansado / cansada	müde
limpio / limpia	sauber
sucio / sucia	schmutzig
enfermo / enferma	krank
sano / sana	gesund
negro	schwarz
blanco	weiß
rojo	rot
azul	blau
cuadrado /cuadrada	eckig
triangular	dreieckig
redondo / redonda	rund
torcido / torcida	krumm
recto / recta	gerade
amargo / armarga	bitter
dulce	süß
picante	scharf
salado / salada	salzig
sano / sana	gesund
ácido / ácida	sauer
rico / rica	reich
frío / fría	kalt
caliente	heiß
tímido / tímida	schüchtern
motivado / motivada	motiviert
agradable	nett / freundlich
tranquilo / tranquila	ruhig
despreocupado / despreocupada	sorglos

infeliz	unglücklich
feliz	glücklich
religioso / religiosa	fromm
serioso / seriosa	seriös / ernst
hábil	geschickt
inhábil	ungeschickt
enfermo / enferma	krank
cansado / cansada	müde
divertido / divertida	lustig
enfadado / enfadada	sauer (verärgert)
alegre	fröhlich
silencioso / silenciosa	still
amable	lieb

BEISPIELSÄTZE

La gata corrió lenta y silenciosamente.
(Die Katze rannte langsam und leise.)

La población en Valencia crece muy rápidamente.
(Die Stadtbevölkerung in Valencia wächst außerordentlich rasant.)

Martin decidio actuar amablemente.
(Martin entschloss sich, freundlich zu handeln.)

Los pantalones son muy chic.
(Die Hose ist sehr schick.)

La comida que cocinó la abuela se ve realmente deliciosa.
(Das Essen, was die Großmutter gekocht hat, sieht wirklich köstlich aus.)

Lösungen zu den Übungen

Innerhalb dieses Kapitels finden Sie die Lösungen der Übungen dieser Lektion.

Übungen zu den Adjektiven

Heute ist ein schöner Tag.	**Hoy es un dia bonito.**
Meine Geschwister haben geniale Ideen.	Mis hermanos tienen ideas geniales.
Manchmal sind die Ferien langweilig.	A veces las vacaciones son aburridas.
Martin hat eine große Familie.	Martin tiene una familia grande.
Dieser Film ist sehr lustig.	Este película es muy divertida.

Übung zu Adverbien

lento (langsam) lentamente
rápido (schnell) rápidamente
feliz (glücklich) felizmente
professional (professionell) profesionalmente
tímido (schüchtern) tímidamente
normal (normal) normalmente
exacto (exakt) exactamente
probable (üblich, wahrscheinlich) probablemente
final (schließlich) finalmente
natural (natürlich) naturalmente
absolute (absolut) absolutamente
evidente (offensichtlich) evidentemente
complete (komplett) completamente
raro (selten, seltsam) raramente

Lektion 4: Die Zeiten in der spanischen Grammatik

Nachdem Sie nun einiges über die spanische Grammatik gelernt haben, erhalten Sie nachfolgend einen Einblick in das Zeitensystem der spanischen Sprache. Im Anschluss an die Bearbeitung dieser Lektion können Sie Handlungen in unterschiedlichen Zeitformen ausdrücken.

Das Zeitensystem im Deutschen

Auch wenn es häufig anders vermittelt wird, ist das deutsche Zeitensystem im Vergleich zu anderen Sprachen wesentlich unkomplizierter. Vor allem in der gesprochenen Sprache ergibt sich ein hohes Maß an Großzügigkeit, wenn es darum geht, welche Zeit benutzt werden soll. Beim Sprechen ist es somit nahezu egal, ob beispielsweise das Perfekt oder das Präteritum genutzt wird.

Beispiel:
„Er kaufte Brot." Präteritum (Imperfekt)
„Er hat ein Brot gekauft." Perfekt

Die äquivalente Nutzung zeigt, dass es keinen Bedeutungsunterschied in beiden Formulierungen gibt. In der gesprochenen Sprache liegt die Verwendung des Perfekts vor allem darin begründet, dass das Präteritum in seinem Klang für die meisten Deutschen eher formell wirkt.

Das System der Zeiten weist im Deutschen drei Vergangenheitsformen auf. Hierzu gehören neben dem Imperfekt das Perfekt sowie das Plusquamperfekt.

Beispiel:

Imperfekt	Perfekt	Plusquamperfekt
Er schrieb ihm einen Brief.	Er hat ihm einen Brief geschrieben.	Er hatte ihm einen Brief geschrieben.

Anders als im Spanischen ist die Sensibilität für Zeitformen bei deutschen Muttersprachlern eher weniger ausgeprägt, wie bereits das obige Beispiel in Bezug auf die Unterscheidung zwischen Perfekt und Präteritum deutlich gemacht hat. Darüber hinaus ist nicht bei allen Verben auf den ersten Blick ein wirklicher Bedeutungsunterschied in der jeweiligen Zeitform erkennbar. Innerhalb der spanischen Sprache ist dies anders. Wirft man nun einen Blick auf diese, stellt man schnell fest, dass die Vergangenheitstempora im Spanischen deutlich vielfältiger sind und erheblich vom Deutschen abweichen. Hier wird die Verwendung einer inadäquaten Zeitform schlichtweg als falsch empfunden.

Einen genauen Einblick in die Zeitformen im Spanischen erhalten Sie im nachfolgenden Kapitel.

Bildung des el presente – die Gegenwart

Die am meisten verwendete Zeitform im Spanischen bildet das Präsens, also die Gegenwartsform. Mit dieser Zeitform werden gegenwärtige Situationen oder Ausdrücke in naher Zukunft („Wir fahren bald los.") ausgedrückt. Darüber hinaus findet das Präsens Verwendung, um Feststellungen zu äußern, die zur Gegenwart Bezug nehmen („Die Sitze des Autos sind komfortabel."). Daneben können Gewohnheitssituationen zum Ausdruck gebracht werden („Montags nehme ich immer das Auto."). Was bedeutet das nun? Das presente wird in den folgenden Fällen verwendet:

- zur Beschreibung von Handlungen, die in der Gegenwart liegen
- zur Beschreibung von Fakten und Tatsachen, die sich auf die Gegenwart beziehen
- zur Beschreibung von Zuständen, die sich auf die Gegenwart beziehen
- zur Beschreibung von Gewohnheiten
- zur Beschreibung von Wiederholungen
- zur Beschreibung von Handlungen, die auf einen bestimmten Zeitraum datiert sind und stattfinden
- zur Beschreibung von Handlungen, die sich auf die nahe Zukunft beziehen (greifbarer Zeitpunkt)

Für die regelmäßigen Verben gilt: Ebenso wie bei anderen Zeitformen, werden die Endungen an den Wortstamm angehängt. Die Endungen unterscheiden sich dabei je nachdem, ob Verben auf -ar, -er oder -ir enden.

Beispiel: Bildung des presente bei regelmäßigen Verben			
	Verben auf -er	**Verben auf -ir**	**Verben auf -ar**
	comer (essen)	vivir (leben)	saltar (springen)
yo	com-o	viv-o	salt-o
tú	com-es	viv-es	salt-as
él / ella / usted	com-e	viv-e	salt-a
nosotros / nosotras	com-emos	viv-imos	salt-amos
vosotros /vosotras	com-éis	viv-ís	salt-áis
ellas / ellos / ustedes	com-en	viv-en	salt-an

Anders als bei den regelmäßigen Verbformen lässt sich bei der Bildung des presente im Kontext von unregelmäßigen Verben keine eindeutige Regel erkennen. Die Konjugation folgt hier keiner bestimmten Systematik. Trotzdem lassen sich bei einem genaueren Blick auf das Geschehen gemeinsame Merkmale bei der Gruppierung unregelmäßiger Verben erkennen.

Was Sie bei der Bildung des presente bei unregelmäßigen Verben beachten sollten:

Folgende Unregelmäßigkeiten sollten Sie bei der Bildung des presente kennen:

Gruppierung 1: Der Vokal verändert sich

Bei dieser Gruppe von unregelmäßigen Verben kommt es zu einer Veränderung eines Vokals, das bedeutet, aus einem einfachen Vokal wird ein Diphthong gebildet. Es kommen also zwei verschiedene Vokale innerhalb einer Silbe vor.

Beispiel: Bildung des presente bei unregelmäßigen Verben			
Beispielverben	pensar (denken)	encontrar (finden)	jugar (spielen)
	„e" → „ie"	„o" → „ue"	„u" → „ue"
yo	pienso	encuentro	juego
tú	piensas	encuentras	juegas
él / ella / usted	piensa	encuentra	juega
nosotros / nosotras	pensamos	encontramos	jugamos
vosotros / vosotras	pensáis	encontráis	jugáis
ellas / ellos / ustedes	pensan	encuentran	juegan

Beispielverben	seguir (folgen)	construir (bauen)
	„e" → „i"	„i" → „y"
yo	sigo	construyo
tú	siges	construyes
él / ella / usted	sige	construye
nosotros	seguimos	contruimosconstruis
vosotros	seguís	construis
ellas / ellos / ustedes	sigen	construyen

Merksatz!
Die Unregelmäßigkeit bezieht sich ausschließlich auf die 1., 2. und 3. Person im Singular sowie auf die 3. Person des Plurals. Alle anderen Personen werden ebenso wie die regelmäßigen Verben gebildet.Die Veränderung von „u" zu „ue" existiert im Spanischen nur bei dem Verb „jugar".

Gruppierung 2: Der Konsonant verändert sich

In einigen Fällen wird der Konsonant „c" zur Erleichterung der Aussprache verändert. In diesem Sonderfall setzen Sie in der 1. Person Singular ein „z" vor das „c2 [gesprochen: se]. Alle anderen Formen der Konjugation bleiben regelmäßig.

Beispiel: Bildung des presente bei unregelmäßigen Verben	
Beispielverben	Conocer (kennen)
yo	conozco [gesprochen: conosko]
tú	conoces
él / ella / usted	conoce
nosotros / nosotras	conocemos
vosotros / vosotras	conocéis
ellas / ellos / ustedes	conocen

Gruppierung 3: Endung der 1. Person Singular auf „oy“

Innerhalb der spanischen Sprache gibt es einige Verben, die in der 1. Person Singular auf „oy“ enden.

Beispiel: Bildung des presente bei unregelmäßigen Verben			
Beispielverben	ser (sein)	ir (gehen)	dar (geben)
yo	soy	voy	doy
tú	eres	vas	das
él / ella / usted	es	va	da
nosotros / nostras	somos	vamos	damos
vosotros / vosotras	sois	vais	dais
ellas / ellos / ustedes	son	van	dan

Beispielverben	estar (sein)
yo	estoy
tú	estás
él / ella / usted	está
nosotros / nosotras	estamos
vosotros / vosotras	estáis
ellas / ellos / ustedes	estan

Gruppierung 4: Endung der 1. Person Singular auf „go“

Einige Verben enden in der 1. Person Singular auf „go“. Hierdurch ergeben sich in der Konjugation Besonderheiten.

Beispiel: Bildung des presente bei unregelmäßigen Verben			
Beispielverben	tener (haben)	venir (kommen)	decir (sagen)
yo	tengo	vengo	digo
tú	tienes	vienes	dices
él / ella / usted	tiene	viene	dice
nosotros / nosotras	tenemos	venemos	decimos
vosotros / vosotras	teneis	venís	decís
ellas / ellos / ustedes	tienen	vienen	dicen

Beispiel: Bildung des presente bei unregelmäßigen Verben			
Beispielverben	hacer (machen)	oir (hören)	salir (ausgehen)
yo	hago	oigo	salgo
tú	haces	oyes	sales
él / ella / usted	hace	oye	sale
nosotros / nosotras	hacemos	oímos	salimos
vosotros / vosotras	hacéis	oís	salís
ellas / ellos / ustedes	hacen	oyen	salen

Beispiel: Bildung des presente bei unregelmäßigen Verben		
Beispielverben	poner (stellen)	traer (bringen)
yo	pongo	traigo
tú	pones	traes
él / ella / usted	pone	trae
nosotros / nosotras	ponemos	traemos
vosotros / vosotras	ponéis	traés
ellas / ellos / ustedes	ponen	traen

Neben diesen Gruppierungen gibt es außerdem weitere unregelmäßige Verben, die bei der Bildung des presente keiner Systematik folgen.

Beispiel: Bildung des presente bei unregelmäßigen Verben			
Beispielverben	haber (haben)	saber (wissen)	ver (sehen)
yo	he	sé	veo
tú	has	sabes	ves
él / ella / usted	ha / hay	sabe	ve
nosotros / nosotras	hemos	sabemos	vemos
vosotros / vosotras	habéis	sabéis	veis
ellas / ellos / ustedes	han	saben	ven

Damit Sie wissen, wann Sie das presente verwenden, existieren auch innerhalb dieser Zeitform Signalwörter, die Ihnen die Verwendung anzeigen. Hierzu schauen Sie sich einmal die nachfolgende Auflistung an.

Spanisch	Deutsch
siempre	immer
todos los días	jeden Tag
cada dia	jeden Tag
normalmente	normalerweise
nunca	nie
a veces	manchmal
regularmente	gewöhnlich / normalerweise
generalmente	allgemein

Sollten Sie eines dieser Signalwörter innerhalb eines Satzes entdecken, gibt Ihnen dieses einen Hinweis darauf, dass das presente genutzt wird.

Beispiel:
A veces **me encanta** leer. Manchmal liebe ich das Lesen.

Im Vergleich dazu ein nicht reflexives Verb:
La vida es bella. Das Leben ist schön.

Auf einen Blick:

Die Präsensform im Spanischen

- Die im Spanischen am meisten verwendete Zeitform ist das Präsens. Das Präsens beschreibt Handlungen, die in der Gegenwart oder in der nahen Zukunft liegen. Außerdem wird es verwendet, um Feststellungen zu äußern, die in Bezug zur Gegenwart stehen.
- Bei der Bildung des Präsens (presente) gelten für die regelmäßigen Verben feststehende Endungen, die sich je nach der Infinitivendung unterscheiden können.
- Bei den unregelmäßigen Verben lässt sich keine Systematik erkennen, nach der die Verben konjugiert werden. Die vorhandenen Unregelmäßigkeiten lassen sich jedoch in vier unterschiedliche Gruppierungen einteilen, die Ihnen das Erlernen der unregelmäßigen Verbformen erleichtern.

Übung zur Bildung des el presente

Setzen Sie in dem nachfolgenden Textauszug die Verben in der korrekten Form des presente ein.

Hoy Maria y Josef (ir) ______________ a casa de sus abuelos.

(Heute fahren Maria und Josef zu ihren Großeltern.)

¿Desde cuándo (cantar) _________________ tan bien?

(Seit wann kannst du so gut singen?)

Ella (bailar) ______________ y (hacer) _____________ mucho deporte en su tiempo libre.

(Sie tanzt und macht in ihrer Freizeit viel Sport.)

A Elena (encantarse) _______________ los animales. Pero su novio (ser) _____________ alérgico. Por eso (evitar) _________________ el contacto.

(Elena liebt Tiere. Ihr Freund ist aber allergisch. Deshalb meidet sie den Kontakt.)

Los hijos de la tía Ela (tener) ________________ mucha energía.

(Die Kinder von Tante Ela haben viel Energie.)

(Yo) (tener) _____________ que trabajar esta mañana. Después (poder) _________________vemos.

(Heute Morgen muss ich arbeiten. Danach können wir uns treffen.)

Die Lösungen zu dieser Aufgabe finden Sie am Ende des Kapitels in einem separaten Lösungskapitel.

Bildung des pretérito imperfecto – Die Vergangenheit

Das pretérito imperfecto (de indicativo) stellt eine Vergangenheitsform im spanischen Sprachgebrauch dar. Mit dieser Zeitform können unterschiedliche Merkmale beschrieben werden:

- Beschreibung einer Situation
- Ablauf einer regelmäßigen Wiederholung
- eine regelmäßige Handlung

Die beschriebenen Sachverhalte liegen dabei immer in der Vergangenheit. Würde man diese Zeitform mit anderen Sprachen vergleichen, würde diese am ehesten der englischen Zeitform past progressive entsprechen. Im Sprachgebrauch wird die Zeitform abgekürzt auch oft als „imperfecto" bezeichnet.

Wie auch bei anderen Zeitformen ist die Bildung des pretérito imperfecto von der jeweiligen Verbendung abhängig. So kann sich die Konjugation bei Verben auf -ar, -er und -ir unterscheiden. Ebenso wie bei der Bildung des Präsens wird dann die Endung an den entsprechenden Wortstamm angehängt. Auch hier gibt es Verben, die regelmäßig sind, und andere, die Unregelmäßigkeiten aufweisen. Grundsätzlich gilt jedoch, dass das pretérito imperfecto fast immer regelmäßig ist.

Beispiel: Bildung des pretérito imperfecto bei regelmäßigen Verben

	Verben auf -er	**Verben auf -ir**	**Verben auf -ar**
	comer (essen)	recibir (erhalten)	tomar (nehmen)
yo	com-ía	recib-ía	tom-aba
tú	com-ías	recib-ías	tom-abas
él / ella / usted	com-ía	recib-ías	tom-aba
nosotros / nosotras	com-íamos	recib-íamos	tom-ábamos
vosotros / vosotras	com-ías	recib-ías	tom-abais
ellas / ellos / ustedes	com-ían	recib-ías	tom-aban

Das pretérito imperfecto de indicativo wird, wie Sie sehen, sehr regelmäßig gebildet. Anders als die Verben auf -ar haben die Verben, die auf -ir und -er enden die gleiche Endung im imperfecto. Sicher werden Sie sich inzwischen fragen, wie die Bildung dieser Zeitform bei der Verwendung von unregelmäßigen Verben funktioniert.

Die gute Nachricht: In der Zeitform des imperfecto weist das Spanische nur drei unregelmäßige Verben (ser, ir und ver) auf. Ebendiese Verben werden bei der Bildung der Zeitform nicht durch eine Kombination des Wortstamms und der entsprechenden Endung gebildet. Stattdessen weisen diese Ausnahmen Sonderformen auf, weshalb Sie sich diese einprägen sollten.

Beispiel: Bildung des pretérito imperfecto bei unregelmäßigen Verben

	ser (sein)	ir (gehen)	ver (sehen)
yo	era	iba	veía
tú	eras	ibas	veías
él / ella / usted	era	iba	veías
nosotros / nosotras	éramos	íbamos	veíamos
vosotros / vosotras	erais	ibais	veíais
ellas / ellos / ustedes	eran	iban	veían

Merke!
Für die Verben „ser“ und „estar“ (beides: sein) gilt, dass sie immer wieder aufgrund ihrer Unregelmäßigkeiten innerhalb der Zeitformen zu Tage treten.

Damit Sie wissen, wann Sie diese Zeitform verwenden, kann es hilfreich sein, wenn Sie sich die sogenannten Signalwörter einprägen, die Ihnen die Verwendung des pretérito imperfecto de indicativo anzeigen. Eine entsprechende Übersicht von Signalwörtern finden Sie hier:

Spanisch	Deutsch
nunca	nie
siempre	immer
mientras	während
normalmente	normalerweise
habitualmente	gewöhnlich
cuanda era joven	als ich jung war
a menudo	manchmal
todos los días	jeden Tag
cada día	jeden Tag
cada mañana	jeden Morgen
cada mes	jeden Monat

Sollten Sie eines dieser Signalwörter innerhalb eines Satzes entdecken, gibt Ihnen dieses einen Hinweis darauf, dass das imperfecto genutzt wird.

Beispiel:
Todos los días salía a pasear con el gato. Jeden Tag ging ich mit der Katze spazieren.

Auf einen Blick:
Die Verwendung des pretérito imperfecto

- Das pretérito imperfecto wird verwendet, um in der Vergangenheit liegende Situationen, Abläufe, regelmäßige Wiederholungen oder regelmäßige Handlungen zu beschreiben.
- Die Konjugation der Verben hängt bei regelmäßigen Verbformen von der Bildung des pretérito imperfecto ab. Die Endungen unterscheiden sich dabei je nach der jeweiligen Infinitivendung -ar, -er und -ir.
- Neben den regelmäßigen Verben gibt es auch andere Verben, die eine unregelmäßige Endung aufweisen. Die gute Nachricht: Innerhalb des pretérito imperfecto existieren ausschließlich drei unregelmäßige Verbformen: ser, ir und ver. Der Einsatz dieser Zeitform orientiert sich dabei an Signalworten, die Ihnen die Verwendung anzeigen.

Übung zur Konjugation pretérito imperfecto

Konjugieren Sie die nachfolgenden Verben in der korrekten Form des pretérito imperfecto. Nutzen Sie auch die korrekte Person.

Person	Verb
Regelmäßige Verben	
1 Person Singular, hablar (sprechen)	
3. Person Singular, aprender (lernen)	
3. Person Plural, vivir (leben)	
2. Person Plural, entender (verstehen)	
Unregelmäßige Verben	
1. Person Plural, ir (gehen)	
2. Person Plural, ser (sein)	
1. Person Singular, ver (sehen)	
3. Person Plural, ser (sein)	

Die Lösungen zu dieser Aufgabe finden Sie am Ende des Kapitels in einem separaten Lösungskapitel.

BILDUNG DES PRETÉRITO INDEFINIDO – DIE VERGANGENHEIT

Unter dem Begriff pretérito indefinido de indicativo wird im Spanischen ebenfalls eine Vergangenheitsform beschrieben. Gelegentlich findet sich für diese Zeitform auch die Bezeichnung „pretérito perfecto simple“ oder „indefinido“. Folgende Handlungen können mit dieser Zeitform beschrieben werden:

- Schilderung von vergangenen Ereignissen
- Handlungen, die sowohl einmalig als auch abgeschlossen sind

In seiner Ausgestaltung ähnelt diese spanische Zeitform dem englischen Äquivalent simple past. Im Sprachgebrauch wird das pretérito indefinido de indicativo als Erzählzeit beschrieben. Für die Bildung des pretérito indefinido de indicativo wird, wie auch in anderen Zeitformen, zwischen regelmäßigen und unregelmäßigen Verben unterschieden. Für regelmäßige Verben werden die Infinitivendungen -ar, -er und -ir entfernt und die jeweiligen Endungen der Zeitform an den Wortstamm angehängt.

Beispiel: Bildung des pretérito indefinido bei regelmäßigen Verben

	Verben auf -ar	**Verben auf -er**	**Verben auf -ir**
	cantar (singen)	comer (essen)	escribir (schreiben)
yo	cant-é	com-í	escrib-í
tú	cant-aste	com-iste	escrib-iste
él / ella / usted	cant-ó	com-ió	escrib-ió
nosotros / nosotras	cant-amos	com-imos	escrib-imos
vosotros / vosotras	cant-asteis	com-isteis	escrib-isteis
ellas / ellos / ustedes	cant-aron	com-ieron	escrib-ieron

Merksatz!
Die Endung der Verben auf -er und -ir sind bei der Konjugation von regelmäßigen Verben im pretérito indefinido gleich.

Auch wenn die Bildung des indefinido auf den ersten Blick sehr regelmäßig wirkt, gibt es Verben, die sich in der 1. Person Singular (yo) wegen der Aussprache verändern. Hier ändert sich der letzte Buchstabe im Wortstamm. Folgende Verben sind hiervon betroffen:

Verben auf -gar

Bei dieser Verbkategorie wird das „g" in der 1. Person Singular zu „gu".

Beispiel:

llegar	ankommen
yo llegué [gesprochen: jo jeg-u-e]	
tú llegaste	
él / ella / usted llegó	
nosotros llegamos	
vosotros llegasteis	
ellas / ellos / ustedes llegaron	

Weitere Verben, die zu dieser Kategorie zählen, sind beispielsweise:

jugar	spielen
colgar	aufhängen
navegar	navigieren / durchsuchen
obligar	verpflichten
pagar	bezahlen

Verben auf -car

Bei Verben, die auf -car enden, wird das „c" in der 1. Person Singular zu „qu".

Beispiel:

buscar	suchen
yo busqué [gesprochen: jo buske]	
tú buscaste	
él / ella / usted buscó	
nosotros / nosotras buscamos	
vosotros / vosotras buscasteis	
ellas / ellos / ustedes buscaron	

Weitere Verben, die zu dieser Kategorie zählen, sind beispielsweise:

tocar	nehmen
practicar	üben
atracar	rauben, überfallen

Verben auf -zar

Verben auf -zar werden in der 1. Person Singular ebenfalls verändert. Hier wird das „z" zu einem „c".

Beispiel:

empezar	anfangen
yo empecé [gesprochen: jo empeze]	
tú empezaste	
él / ella / usted empezó	
nosotros / nosotras empezamos	
vosotros / vosotras empezasteis	
ellas / ellos / ustedes empezaron	

Weitere Verben, die zu dieser Kategorie zählen, sind beispielsweise:

alzar	heben
analizar	analysieren
organizar	organisieren
autorizar	autorisieren

Verben auf -guar

Mit Blick auf Verben, die auf -guar enden, kann gesagt werden, dass sich in der 1. Person Singular das „gu“ zu „gü“ verändert.

Beispiel:

atestiguar	bezeugen
yo atestigüé [gesprochen: jo antesti-g-ue]	
tú atestiguaste	
él / ella / usted atestiguó	
nosotros / nosotras atestiguamos	
vosotros / vosotras atestiguasteis	
ellas / ellos / ustedes atestiguaron	

Weitere Verben, die zu dieser Kategorie zählen, sind beispielsweise:

averiguar	herausfinden

Verben auf -er und -ir, die vor der Infinitivendung einen Vokal aufweisen

Verben, die vor der Infinitivendung einen Vokal aufweisen, verändern in der 3. Person Singular (él /ella / usted) sowie in der 3. Person Plural (ellos / ellas / ustedes) das „i” zu einem „y”.

Beispiel:

creer	glauben
yo creí	[gesprochen: jo cre-i]
tú creíste	[gesprochen: jo cre-iste]
él / ella / usted creyó	[gesprochen: jo crejo]
nosotros / nosotras creímos	[gesprochen: jo cre-i-mos]
vosotros / vosotras creísteis	[gesprochen: jo cre-i-steis]
ellas / ellos / ustedes creyeron	[gesprochen: jo crejeron]

Weitere Verben, die zu dieser Kategorie zählen, sind beispielsweise:

leer	lesen
destruir	zerstören
construir	bauen, konstruieren
huir	fliehen
concluir	lösen

Verben mit Vokalwechsel im Verbstamm

In der spanischen Sprache gibt es Verben, die im Präsens (presente) in der 3. Person Singular den Stammvokal verändern. Hier ändert sich im indefinido der Stammvokal der 3. Person Singular und Plural von „e“ zu „i“ sowie im Plural von „o“ zu „u“.

Beispiel:

dormir	schlafen
yo duermo	[gesprochen: jo duermo]
tú duermes	[gesprochen: tu duermes]
él / ella / usted duerme	[gesprochen: el duerme]
nosotros / nosotras dormimos	{gesprochen: nosotros dormimos]
vosotros / vosotras dormís	[gesprochen: vosotros dormís]
ellas / ellos / ustedes duermen	[gesprochen: ellas duermen]

Weitere Verben, die zu dieser Kategorie zählen, sind beispielsweise:

acordar	erinnern, beschließen
acostarse	sich hinlegen
demonstrar	zeigen, beweisen
mostrar	zeigen
morir	sterben

Neben den regelmäßigen Verben gibt es bei der Bildung des pretérito indefinido unregelmäßig zu bildende Verben. Diese Verben sollten Sie sich einprägen:

Beispiel: Bildung des pretérito indefinidio bei unregelmäßigen Verben			
	estar (sein)	ser (sein)	ir (gehen)
yo	estuve	fui	fui
tú	estuviste	fuiste	fuiste
él / ella / usted	estuvo	fue	fue
nosotros / nosotras	estuvimos	fuimos	fuimos
vosotros / vosotras	estuvisteis	fuisteis	fuisteis
ellas / ellos / ustedes	estuvieron	fueron	fueron

Merksatz!
Die Verben „ir“ und „ser“ haben im pretérito indefinido dieselbe Konjugation.

Beispiel: Bildung des pretérito indefinidio bei unregelmäßigen Verben			
	poder (können)	saber (wissen)	poner (setzen, stellen, legen)
yo	pude	supe	puse
tú	pudiste	supiste	pusiste
él / ella / usted	pudo	supo	puso
nosotros / nosotras	pudimos	supimos	pusimos
vosotros / vosotras	pudisteis	supisteis	pusisteis
ellas / ellos / ustedes	pudieron	supieron	pusieron

Beispiel: Bildung des pretérito indefinidio bei unregelmäßigen Verben			
	querer (wollen)	tener (haben)	ver (sehen)
Yo	quise	tuve	vi
Tú	quisiste	tuviste	viste
él / ella / usted	quiso	tuvo	vio
nosotros / nosotras	quisimos	tuvimos	vimos
vosotros / vosotras	quisisteis	tuvisteis	visteis
ellas / ellos / ustedes	quisieron	tuvieron	vieron

Beispiel: Bildung des pretérito indefinidio bei unregelmäßigen Verben			
	venir (kommen)	haber (haben)	hacer (machen)
Yo	vine	hube	hice
Tú	viniste	hubiste	hiciste
él / ella / usted	vino	hubo	hizo
nosotros / nosotras	vinimos	hubimos	hicimos
vosotros / vosotras	vinisteis	hubisteis	hicisteis
ellas / ellos / ustedes	vinieron	hubieron	hicieron

Beispiel: Bildung des pretérito indefinidio bei unregelmäßigen Verben			
	traer (tragen)	oír (hören)	decir (sagen)
yo	traje	oí	dije
tú	trajiste	oíste	dijiste
él / ella / usted	trajo	oyó	dijo
nosotros / nosotras	trajimos	oímos	dijimos
vosotros / vosotras	trajisteis	oísteis	dijisteis
ellas / ellos / ustedes	trajeron	oyeron	dieron

Beispiel: Bildung des pretérito indefinidio bei unregelmäßigen Verben

	dar (geben)	caber (passen)	andar (gehen)
yo	di	cupe	anduve
tú	diste	cupiste	anduviste
él / ella / usted	dio	cupo	anduvo
nosotros / nosotras	dimos	cupimos	anduvimos
vosotros / vosotras	disteis	cupisteis	anduvisteis
ellas / ellos / ustedes	dieron	cupieron	anduvieron

	traducir (übersetzen)
yo	traducje
tú	tradujiste
él / ella / usted	tradujo
nosotros /nosotras	tradujimos
vosotros / vosotras	tradujisteis
ellas / ellos / ustedes	tradujeron

Auch für die Zeitform des pretérito indefinido de indicativo existieren in der spanischen Sprache Signalworte, die Ihnen die Verwendung dieser Zeitform anzeigen:

Spanisch	**Deutsch**
desde ... hasta	von ... bis ...
ayer	gestern
anteayer	vorgestern
anoche	gestern Nacht
la semana pasada	die letzte Woche
el año pasado	letztes Jahr
de repente	plötzlich
de un momento a otro	von jetzt auf gleich, von einem auf den anderen Moment
el otro día	letztens, neulich
hace tres días / un mes	seit drei Tagen / einem Monat
el lunes / mes / verano pasado	letzten Montag / Monat / Sommer
en ... (año)	im ... (Jahr)
después	danach
luego	später, nachher

Sollten Sie eines dieser Signalwörter innerhalb eines Satzes entdecken, gibt Ihnen dieses einen Hinweis darauf, dass das pretérito indefinido genutzt wird.

Beispiel:
A Nueva York volamos con Iberia el verano pasado.
(Nach New York flogen wir mit Iberia im letzten Sommer.)

Auf einen Blick:
Wissenswertes über das pretérito indefinido de indicativo

- Das pretérito indefinido de indicativo stellt innerhalb der spanischen Sprache ebenfalls eine Vergangenheitsform dar. Sie wird genutzt, um vergangene Ereignisse oder einmalige Handlungen zu schildern.
- Die regelmäßigen Verben auf -er, -ir und -ar lassen sich anhand fester Endungen bilden, indem diese an den Wortstamm angehängt werden.
- Bei den unregelmäßigen Verben wird unterschieden: Je nachdem, auf welche Buchstabenkombination Verben enden, ergeben sich Unregelmäßigkeiten. Hier bleibt Ihnen nichts anderes übrig, als diese auswendig zu lernen. Darüber hinaus gibt es weitere unregelmäßige Verben, die bei der Bildung keiner Regel folgen und daher in jeder Person Unregelmäßigkeiten aufweisen. Auch diese sollten Sie kennen.
- Wann Sie die Zeitform verwenden, zeigen Ihnen mögliche Signalwörter an.

Übung zum pretérito indefinido de indicativo

Setzen Sie in die untenstehenden Lücken die korrekte Zeitform ein.

Ayer Ana y Tim (comer) ________________________ pizza y pasta.
(Gestern aßen Ana und Tim Pizza und Pasta.)

El año pasado (voler) ______________ a Hawaii con mi familia. (ser)_____________ una vacacion maravillosa. (Letztes Jahr bin ich mit meiner Familie nach Hawaii geflogen. Es war ein wunderschöner Urlaub.)

Nos (jugar)___________________ en el patio.
(Früher spielten wir gerne im Hof.)

(Yo) (querer)___________________ a nuestro viejo perro Jimmy. (ser)________________ mi mejor amigo.
(Ich liebte unseren alten Hund Jimmy. Er war mein bester Freund.)

Die Lösungen zu dieser Aufgabe finden Sie am Ende des Kapitels in einem separaten Lösungskapitel.

Unterschiede der Vergangenheitsformen: pretérito imperfecto und pretérito indefinido

Beim imperfecto geht es im Spanischen darum, Gewohnheiten oder Zustände auszudrücken, die in der Vergangenheit liegen. Die entsprechenden Schlüsselworte haben Sie im Kapitel über das imperfecto innerhalb der Lektion kennengelernt. Anders als das imperfecto beschreibt das indefinido hingegen Handlungen, die nicht nur in der Vergangenheit liegen, sondern auch abgeschlossen sind. Sie haben also bereits zu einem bestimmten Zeitpunkt stattgefunden, der jedoch in der Vergangenheit liegt.

Eine Handlung oder ein Ereignis, das einmalig aufgetreten ist, keine Dauer hatte und in der Vergangenheit liegt, formulieren Sie somit im pretérito indefinido.

Den Bedeutungsunterschied zwischen dem pretérito imperfecto und dem pretérito indefinido erkennen Sie außerdem anhand der nachfolgenden Beispiele:

Beispiel:

pretérito indefinido	**Bedeutung**
De repente una bomba explotó.	Plötzlich explodierte eine Bombe.

Werfen Sie nun einen Blick auf die Bedeutungsveränderung des Satzes, wenn dieser im pretérito imperfecto verfasst wäre:

Beispiel:

pretérito imperfecto	**Bedeutung**
De repente una bomba explotaba.	Plötzlich explodierte eine Bombe immer wieder.

Da eine Bombe in der Regel nur einmal explodieren kann, würde der Satz somit im pretérito imperfecto keinen Sinn mehr ergeben. Darüber hinaus verwenden Sie das pretérito imperfecto immer dann, wenn Sie ein Ereignis oder eine Handlung aus der Vergangenheit beschreiben wollen, die sich immer wieder wiederholt hat.

Beispiel:
Los domingos tomábamos desayuno en un restaurante.
Sonntags frühstückten wir immer in einem Restaurant.

Zum Vergleich können Sie sich noch einmal die Bedeutungsverschiebung anschauen, die sich ergäbe, wenn Sie das pretérito indefinido verwenden würden:

Beispiel:
Los domingos tomé el desayuno en el restaurante.
(Sonntags habe ich im Restaurant gefrühstückt.)

Hier wird deutlich, dass es sich in der Beschreibung inhaltlich nicht mehr um die allsonntägliche Tätigkeit handelt, sondern auch der vergangene Sonntag gemeint sein kann, an dem in einem Café gefrühstückt wurde.

Für die Verwendung der beiden Zeitformen können Sie sich daher einprägen, dass sich die Bedeutung einiger Verben verändern kann, je nachdem, welche Zeitform Sie innerhalb eines Satzes anführen. Aus diesem Grund ist es wichtig, dass Sie sich im Vorfeld mit den Zeiten auseinandersetzen und sich überlegen, was Sie ausdrücken möchten. Orientieren Sie sich dann noch an den entsprechenden Signalworten und den Merkmalen für die Verwendung, werden Sie die Zeitformen nicht mehr falsch verwenden können. Zum besseren Verständnis finden Sie noch einmal eine Gegenüberstellung der Zeitformen, die Ihnen mehr Klarheit für die Verwendung verschaffen kann:

indefinido	**imperfecto**
Das pretérito indefinido verwenden Sie, wenn Sie eine einmalige, abgeschlossene und in ihrem Zeitraum begrenzte Handlung beschreiben wollen. Ayer visité a mis padres. [Gestern habe ich meine Eltern besucht.]	Mit dem pretérito imperfecto beschreiben Sie Handlungen, die sich wiederholen und regelmäßig sind sowie in der Vergangenheit liegen. Cuando era pequeño, siempre cenábamos en la casa de mi tía el fin de semana. [Als ich klein war, haben wir am Wochenende immer im Haus meiner Tante gegessen.]

Das indefinido kann zudem eine Handlung beschreiben, die eine bestehende Handlung unterbricht, die in der Vergangenheit liegt. Elena salió a pasear por el medio del bosque. [Elena ging mitten im Wald spazieren.]	Das imperfecto kann genutzt werden, um eine Handlung zu beschreiben, die eine bereits bestehende Handlung unterbricht. Mientras caminaba en medio del bosque con el perro, de repente empezó a llover. [Als ich mitten im Wald mit dem Hund spazieren ging, begann es plötzlich, zu regnen.]
Das indefinido beschreibt zudem Handlungsketten, die in der Vergangenheit liegen. Martin se fue a casa, comió con su familia y luego se dio un baño. [Martin ging nach Hause, aß mit seiner Familie und nahm im Anschluss ein Bad.]	Mit dem imperfecto können Sie Handlungen beschreiben, die gleichzeitig ablaufen und in der Vergangenheit liegen. Almorcé mientras mi padre arreglaba la bicicleta. [Ich aß zu Mittag, während mein Vater das Fahrrad reparierte.]
Des Weiteren beschreibt das pretérito indefinido Handlungen, die einen klaren Anfang sowie ein klares Ende aufweisen. En 2020, perdí a mi padre. [2020 verlor ich meinen Vater.]	Das imperfecto beschreibt Handlungen, die weder einen klaren Anfang noch ein klares Ende aufweisen. Sina vivía en Tenerife. [Sina lebte auf Teneriffa.]
	Anders als das indefinido kann das imperfecto verwendet werden, um Personen, Situationen, Wünsche, Uhrzeiten oder auch das Wetter zu beschreiben. De niño era más pequeño que mis amigos. [Als Kind war ich kleiner als meine Freunde.]

Übung zur Konjugation in der Gegenwart und Vergangenheit

Geben Sie an, welche Zeitform jeweils vorliegt. Unterscheiden Sie zwischen presente de indicativo, pretérito indefinido und pretérito imperfecto.

Spanisch	Übersetzung	Bei dieser Zeit handelt es sich um ...
Me sorprendió con su respuesta.	Sie hat mich mit ihrer Antwort überrascht.	
El clima es malo hoy.	Heute ist schlechtes Wetter.	
Martín me llamó el lunes.	Martin hat mich am Montag angerufen.	
Elina siempre comía pasta	Elina hat immer Nudeln gegessen.	
Maria no pudo ir a la escuela porque estaba enfermo.	Maria konnte nicht in die Schule gehen, weil sie krank war.	
Ania me escribió una carta ayer.	Ania schrieb mir gestern einen Brief.	
El plato se cayó de la mesa.	Der Teller fiel vom Tisch.	
Emil cortó la rama con su espada.	Emil zerteilte den Ast mit seinem Schwert.	
No eran ricos, pero sí felices.	Sie waren nicht reich, aber doch zufrieden.	
No pudieron informar el domingo porque no pudieron.	Sie konnten sich Sonntag nicht melden, weil sie verhindert waren.	
El sol está ahí.	Die Sonne ist da.	
Como estaba enfermo, no podía hacer deporte.	Weil er krank war, konnte er nicht zum Sport.	

Die Lösungen zu dieser Aufgabe finden Sie am Ende des Kapitels in einem separaten Lösungskapitel.

Bildung des futuro – die Zukunft

Für die Bildung des futuro wird zwischen unterschiedlichen Zukunftsformen unterschieden:

- futuro simple,
- futuro próximo oder
- futuro perfecto.

Zunächst widmen wir uns der einfachen Zukunftsform des futuro simple.

Das futuro simple

Die einfache Zukunftsform futuro simple wird im Spanischen häufig auch als „futuro simple de indicativo" oder als „futuro imperfecto de indicativo" bezeichnet. Auch wenn das auf den ersten Blick verwirrend sein kann, verbirgt sich hinter all diesen Bezeichnungen ein und dieselbe Zeitform. Verwendet wird das futuro, wenn Sie **Ereignisse** beschreiben wollen, die in der Zukunft liegen. Wollen Sie im deutschen Sprachgebrauch eine äquivalente Zeitform finden, entspricht dieser spanischen Zeitform am ehesten das Futur I, also die einfache Zukunftsform. Wollen Sie einen Satz im futuro imperfecto de indicativo ins Deutsche übersetzen, verwenden Sie hierzu immer das deutsche Hilfsverb *werden*.

Beispiel:
Martin va a jugar a los bolos esta noche. Martin wird heute Abend zum Bowling gehen.

Den Ausgangspunkt dieser Zeitform stellt der infinitivo, also der Infinitiv dar – die sogenannte Grundform des Verbs. An die Endungen des Infinitivs des jeweiligen Verbes werden dann die spezifischen Endungen des futuro angehängt. Die regelmäßigen Verben werden immer mit denselben Endungen gebildet.

	Verben auf -ar	**Verben auf -ir**	**Verben auf -er**
Infinitiv (Grundform)	hablar (sprechen)	vivir (leben)	comer (essen)
yo	hablar-é	vivir-é	comer-é
tú	hablar-ás	vivir-ás	comer-ás
él /ella / usted	hablar-á	vivir-á	comer-á
nosotros / nosotras	hablar-emos	vivir-emos	comer-emos
vosotros / vosotras	hablar-éis	vivir-éis	comer-éis
ellos / ellas / ustedes	hablar-án	vivir-án	comer-án

Beispiel:
En miércoles nos iremos a Paris.
(Am Mittwoch werden wir nach Paris fahren.)

Achtung Ausnahme: Bei den Formen des futuro erhält jede Endung einen Akzent auf dem ersten Vokal. Die Ausnahme stellt hierbei die erste Person Plural (nosotros / nosotras) dar. Sie weist keinen Akzent auf.

Merksatz: Bildung des futuro simple
futuro simple = Infinitiv (infinitivo) des Verbs + Endung des futuro (-é / -ás / -á / -emos / -éis / -án)

Wie in allen Zeitformen gibt es auch in der spanischen Zukunftsform Verben, die unregelmäßig gebildet werden. Was bedeutet das? Einige Verben bilden das futuro simple nicht aus den Infinitivformen und den entsprechenden Endungen. Allerdings weisen die unregelmäßigen Formen des futuro eine Besonderheit auf. Sie lassen sich in drei Gruppen einteilen.

Gruppierung 1: Verben mit eingeschobenem -d

Verben dieser Gruppe bauen zwischen dem Wortstamm und der Infinitivendung ein -d ein. Zu dieser Gruppe gehören beispielsweise die nachfolgenden Verben:

Verben im Infinitiv	**Stamm im futuro simple**	**Übersetzung**
detender	detendr-	stoppen
poner	pondr-	setzen, stellen, legen
Proponer	propondr-	vorschlagen
salir	saldr-	hinausgehen
tener	tendr-	haben
venir	vendr-	kommen

An diese Endungen werden die gewohnten Endungen der regelmäßigen Verbformen angehängt.

Gruppierung 2: Verben mit Vokalverlust

Verben dieser Gruppierung geben bei der Bildung des futuro einen Vokal an. Zu dieser Gruppe gehören beispielsweise die nachfolgenden Verben:

Verben im Infinitiv	Stamm im futuro simple	Übersetzung
caber	cabr-	passen
haber	habr-	haben
poder	podr-	können, dürfen
saber	sabr-	Wissen

An diese Endungen werden die gewohnten Endungen der regelmäßigen Verbformen angehängt.

Ausnahme bildet hier das Verb „haber“. Hier wird die unregelmäßige Form in der 3. Person Singular „hay“ zu „habrá“. Damit entspricht die Bildung des Verbs „haber“ zwar einer Regelmäßigkeit, sie kann aber nicht aus der 3. Person Singular abgeleitet werden, weshalb Sie sich diese Form einprägen müssen.

Gruppierung 3: Verben, die einen unregelmäßigen Verbstamm aufweisen

In dieser Gruppierung werden Verben angeführt, die einen vollständig unregelmäßigen Wortstamm aufweisen. Das bedeutet, sie verändern ihre Form bei der Bildung des futuro simple. Zu dieser Gruppe gehören beispielsweise die nachfolgenden Verben:

Verben im Infinitiv	Stamm im futuro simple	Übersetzung
decir	dir-	sagen
hacer	har-	machen
querer	querr-	wollen / lieben

An diese Endungen werden die gewohnten Endungen der regelmäßigen Verbformen angehängt.

Nachdem Sie nun die Bildung von regelmäßigen und unregelmäßigen Verben im futuro kennen, werden wir uns nachfolgend damit beschäftigen, wann Sie das futuro verwenden. Wie Sie bereits wissen, entspricht das futuro simple im Deutschen am ehesten dem Futur I. Es kann daher in einer Vielzahl von Situationen verwendet werden.

Sie verwenden das futuro ...

- ... zur Beschreibung einer Handlung oder Absicht in der Zukunft

Beispiel:
Pasado mañana me ocuparé de los documentos.
(Übermorgen kümmere ich mich um die Dokumente.)

Este miércoles limpiaré mi cuarto.
(Am Mittwoch werde ich mein Zimmer aufräumen.)

- ... zur Beschreibung von Vermutungen über die Gegenwart oder die Zukunft

Beispiel:
No sé qué hora será mañana. Tengo un largo servicio. Por lo que podría ser más tarde.
(Ich weiß nicht, wie spät es morgen wird. Ich habe einen langen Dienst. Es könnte also später werden.)

Ania no podrá hacerlo en un día.
(Das wird Ania nicht an einem Tag schaffen.)

Sospecho que su escritorio sigue así de desordenado.
(Ich vermute, dass sein Schreibtisch noch immer so unordentlich ist.)

- ... zum Ausdruck einer Aufforderung oder eines Befehls

Beispiel:
¡No mentirás!
(Du sollst nicht lügen!)

Tu habitación estará ordenada para mañana.
(Bis morgen ist dein Zimmer aufgeräumt.)

- ... zur Beschreibung von erfüllbaren Bedingungssätzen

Beispiel:
Si mañana no sale el sol, no iremos al zoológico.
(Wenn die Sonne morgen nicht scheint, werden wir nicht in den Zoo gehen.)

Si llueve, no saldré.
(Wenn es regnet, werde ich nicht nach draußen gehen.)

Wie auch in anderen Zeitformen existieren innerhalb des futuro Signalwörter, die Ihnen die Verwendung der Zeitform anzeigen. Grundsätzlich zählen zu diesen:

- konkrete Zeitangaben

Signalwort	Übersetzung
mañana	morgen
el proximo año	nächstes Jahr
este fin de semana	dieses Wochenende
este fin de mes	diesen Monat
este fin de año	dieses Jahr
esta noche	diese Nacht

- Verweise auf andere Zeitpunkte

Signalwort	Übersetzung
luego	dann
después	nach
más tarde	später

Grundsätzlich sollten Sie sich bei der Verwendung des futuro nicht ausschließlich auf das Vorkommen von Signalwörtern konzentrieren. Stattdessen sollten Sie auch immer im Hinterkopf behalten, wann das futuro gebildet wird und ob einer dieser Fälle auf den konkreten Satz zutrifft.

Auf einen Blick:
Die Verwendung der Zeitform futuro imperfecto

- Mit dieser Zeitform wird im spanischen Sprachgebrauch die einfache Zukunft beschrieben.
- Die regelmäßigen Verben werden aus dem Infinitiv des Verbs und der jeweils spezifischen Endung des futuro gebildet.
- Unregelmäßige Verben werden in drei Gruppen unterteilt, für die sich bei der Bildung des futuro Besonderheiten ergeben können (Verben mit eingeschobenem -d, Verben mit Vokalverlust, Verben mit unregelmäßigem Wortstamm).
- Das futuro verwenden Sie für die Beschreibung von Handlungen in der Zukunft, Vermutungen über die Gegenwart und die Zukunft sowie für Aufforderungen, Befehle und erfüllbare Bedingungssätze.
- Signalwörter bei der Bildung der Zeitform können sowohl konkrete Zeitangaben als auch Verweise auf einen anderen Zeitpunkt sein.

Übung zur Konjugation des futuro simple

Konjugieren Sie die nachfolgenden Verben im futuro simple.

hablar (sprechen)

Person	**Konjugiertes Verb**
yo	
tú	
él / ella / usted	
nosotros / nosotras	
vosotros / vosotras	
ellos / ellas / ustedes	

comer (essen)

Person	Konjugiertes Verb
yo	
tú	
él / ella / usted	
nosotros / nosotras	
vosotros / vosotras	
ellos / ellas / ustedes	

vivir (leben)

Person	Konjugiertes Verb
yo	
tú	
él / ella / usted	
nosotros / nosotras	
vosotros / vosotras	
ellos / ellas / ustedes	

querer (wollen)

Person	Konjugiertes Verb
yo	
tú	
él / ella / usted	
nosotros / nosotras	
vosotros / vosotras	
ellos / ellas / ustedes	

hacer (machen)

Person	Konjugiertes Verb
yo	
tú	
él / ella / usted	
nosotros / nosotras	
vosotros / vosotras	
ellos / ellas / ustedes	

Das futuro próximo

Ebenso wie das futuro simple zählt das futuro próximo im Spanischen zu den Zukunftsformen.

Beispiel:
Hoy voy a aprender el future próximo.
(Heute werde ich das futuro próximo lernen.)

Im futuro próximo sprechen Sie über eine **Aktion**, die noch nicht stattgefunden hat. Sie liegt also in der Zukunft. Im spanischen Sprachgebrauch wird das futuro próximo auch als „futuro perifrástico" oder als „futuro inmediato" bezeichnet. Bei dieser Zukunftsform handelt es sich um eine zusammengesetzte Zeitform. Sie besteht aus dem Hilfsverb „ir" (gehen) und der Präposition „a" sowie dem Infinitiv des jeweiligen Verbs.

Zusammensetzung des futuro próximo
Präsens (presente) von ir + Präposition a + Infinitiv (infinitivo) des Verbs

Das futuro próximo wird verwendet, um über **Absichten** oder **Pläne** in der Zukunft zu sprechen. Diese Pläne und Absichten sind meist sehr konkret. In seiner Zeitform ist das futuro próximo mit der englischen Zeitform des going-to-future zu vergleichen. Im Deutschen verwenden wir zum Ausdrücken ähnlicher Aussagen meist das Präsens.

Beispiel:
El fin de semana que viene Martin va a visitar a Elena.
(Am kommenden Wochenende besucht Martin Elena.)

Schauen wir uns hierzu noch einmal die Bildung des futuro próximo genauer an.

Personalpronomen	**Konjugation des Hilfsverbs „ir" + a**	**Infinitiv eines Vollverbs (Beispiele)**	**Übersetzung**
yo	voy a	bailar (tanzen) salir (hinausgehen) vivir (leben) comer (essen) leer (lesen) entender (verstehen)	ich werde ...
tú	vas a		du wirst ...
él / ella / usted	va a		er / sie / es wird ...
nosotros / nosotras	vamos a		wir werden ...
vosotros / vosotras	vais a		ihr werdet ...
ellos / ellas / ustedes	van a		sie werden ...

Anders als in anderen Zeitformen müssen Sie für die Bildung des futuro próximo keine unregelmäßigen Verben kennen. Das liegt vor allem daran, dass die Bildung ausschließlich über die Konjugation des Hilfsverbs „ir" erfolgt, sodass es ausreicht, wenn Sie diese Verbform kennen.

Achtung Ausnahme: Die einzige Ausnahme, die Sie innerhalb des futuro próximo kennen müssen, sind die reflexiven Verben.

Zur Erinnerung: Reflexive Verben sind Verben, die sich auf die Handlung eines Subjekts rückbeziehen. Im Deutschen gehören zu den Reflexivpronomen Begriffe wie mir, dir, sich, uns, euch und sich.

Sofern Sie bei der Konjugation im futuro próximo mit einem Reflexivverb agieren, haben Sie zwei Möglichkeiten, wie Sie das entsprechende Reflexivpronomen positionieren können:

- das Reflexivpronomen (me, te, se, nos, os, se) steht vor dem konjugierten Hilfsverb „ir“

A partir de lunes, Martin se va a levantar temprano.
(Ab Montag wird Martin früh aufstehen.)
[Infinitivform des Verbs: levantarse (aufstehen, sich erheben)]

- das Reflexivpronomen kann an den Infinitiv des Vollverbs angehängt werden

Elena va a encontrarse con su primo.
(Elena wird ihren Cousin treffen.)
[Infinitivform des Verbs: encontrarse (sich treffen)]

Nun werden Sie sich sicherlich fragen, wann Sie das futuro próximo verwenden. Da diese Zeitform leicht zu bilden ist, wird sie vor allem innerhalb der gesprochenen Sprache eingesetzt. In diesen Fällen verwenden Sie das futuro proximo:

- als Alltagssprache

Beispiel für die Verwendung in der Alltagssprache:
Padre: "¿Puedes limpar el salón, por favor?"
(Vater: „Kannst Du bitte das Wohnzimmer aufräumen?“)
Hijo Tobias: "Sí, papa, voy a limpiarle ahora."
(Sohn Tobias: „Ja, Mama, ich werde es gleich aufräumen.“)

- für die Beschreibung von Zukunftsplänen und Wünschen sowie Absichten und Vermutungen

Beispiel:
Amira y Miguel van a empezar a estudiar.
(Amira und Miguel werden mit dem lernen / studieren anfangen.)

Cuando Ismail sea grande, va a ser un bomber.
(Wenn Ismail groß ist, wird er Feuerwehrmann.)

• für die Beschreibung von Handlungen, die sich in der nahen Zukunft befinden (Handlungen, die unmittelbar ausgeführt werden)

Beispiele:
Porque no me siento bien, voy a ver al doctor mañana.
(Weil ich mich nicht gut fühle, werde ich morgen zum Arzt gehen.)

Mis ojos han empeorado. Así que voy a hacer un examen de la vista pronto.
(Meine Augen sind schlechter geworden. Deshalb werde ich bald einen Sehtest machen.)

Als Signalwörter ergeben Sich für das futuro próximo die folgenden:

Signalwort	**Übersetzung**
mañana	morgen
esta noche	diese Nacht
la semana que viene	nächste Woche
el próximo mes	nächsten Monat
el próximo año	nächstes Jahr
luego	dann
más tarde	später
en dos días	in zwei Tagen
la próxima semana	die nächste Woche
el lunes que viene	der kommende Montag

Auf einen Blick:

Wissenswertes über das futuro próximo

- Das futuro próximo ist eine von drei Zukunftsformen im spanischen Sprachgebrauch.
- Die Konjugation des futuro próximo wird mit der konjugierten Präsensform des Hilfsverbs ir sowie der Präposition a und dem Infinitiv des Folgeverbs (voy a escribir) gebildet.
- Sie können diese Zeitform verwenden, wenn Sie beabsichtigen, Zukunftspläne und Wünsche oder Handlungen in der unmittelbaren Zukunft auszudrücken. Darüber hinaus können Sie das futuro próximo für Redewendungen in der Alltagssprache einsetzen.
- Ausnahmen bilden Reflexivverben. Die Stellung der Reflexivpronomen eines Verbs erfolgt vor dem Hilfsverb ir oder es wird an das Vollverb im Infinitiv angehängt.

Übung zur Konjugation des futuro próximo

Setzen Sie die korrekte Form des futuro próximo ein.

Algunos estudiantes ______________________ a estudiar este fin de semana.
(Einige Studenten werden dieses Wochenende lernen.)

Martin _____________ a venir a una fiesta esta noche.
(Martin kommt heute Abend zu einer Party.)

Vosotros ____________ a ir de vacaciones este invierno.
(Sie fahren diesen Winter in den Urlaub.)

El precio de la gasolina __________________ a subir en este Verano.
(Der Benzinpreis wird diesen Sommer steigen.)

Martin y Emilia __________________ a visitar sus abuelos esta tarde.
(Heute Nachmittag besuchen Martin und Emilia ihre Großeltern.)

Juanita _______________ a traer las bebedidas para la fiesta.
(Juanita wird die Getränke für die Party mitbringen.)

Mi clase de yoga ____________________ a empezar en el fin de semana que viene.
(Nächstes Wochenende startet mein Yoga-Kurs.)

Die Lösungen zu dieser Aufgabe finden Sie am Ende des Kapitels in einem separaten Lösungskapitel.

Das futuro perfecto

Das futuro perfecto ist die dritte Zukunftsform, die es innerhalb des spanischen Sprachgebrauchs gibt. Sie wird häufig auch als „futuro compuesto" bezeichnet. Im Deutschen entspricht diese Zeitform dem Futur II. Wird diese Zeitform verwendet, werden in der Regel zwei oder mehr Ereignisse beschrieben, die sich in der Zukunft befinden. Bei dieser Zeitform handelt es sich ebenso wie beim futuro próximo um eine zusammengesetzte Zeitform.

Für die Bildung des futuro perfecto gehen Sie wie folgt vor:

Bildung des futuro perfecto
futuro simple des Hilfsverbs „haber" (haben) + Partizip Perfekt des Vollverbs

Exkurs: Bildung des Partizip Perfekt (participio pasado)
Die Bildung des participio pasado können Sie sich mithilfe dieser Regel merken:

Konjugationen auf -ar: Verbstamm + -ado
Konjugationen auf -er und -ir: Verbstamm + -ido

Die Bildung des participio pasado					
Konjugationen auf -ar		**Konjugationen auf -er**		**Konjugationen auf -ir**	
viajar (reisen)	viajado (gereist)	comer (essen)	comido (gegessen)	dormir (schlafen)	dormido (geschlafen)
hablar (sprechen)	hablado (gesprochen)	beber (trinken)	bebido (getrunken)	sentir (fühlen)	sentido (gefühlt)
estar (sein)	estado (gewesen)	tener (haben, besitzen)	tenido (gehabt, besessen)	vivir (leben)	vivido (gelebt)

Zu den Unregelmäßigkeiten des Partizip Perfekts, die Sie kennen und lernen sollten, gehören dabei die nachfolgenden:

Unregelmäßige Verben participio pasado	
abrir (öffnen)	abierto (geöffnet)
cubrir (bedecken, belegen)	cubierto (bedeckt, belegt)
decir (sagen)	dicho (gesagt)
escribir (schreiben)	escrito (geschrieben)
hacer (machen)	hecho (gemacht)
morir (sterben)	muerto (gestorben, tot)
poner (setzen, stellen, legen)	puesto (gesetzt, gestellt, gelegt)
romper (zerbrechen)	roto (zerbrochen)
ver (sehen, erblicken)	visto (gesehen, erblickt)
volver (zurückkommen)	vuelto (zurückgekommen)

Kehren wir zurück zum futuro perfecto. Für die Bildung benötigen Sie, wie Sie bereits gelernt haben, das Verb haber in der Zeitform des futuro simple. Dieses wird wie folgt konjugiert:

Person	**haber (haben) im futuro simple**
yo	habré
tú	habrás
él / ella / usted	habrá
nosotros / nosotras	habremos
vosotros / vosotras	habréis
ellos / ellas / ustedes	habrán

Wie aber setzt sich diese Zeitform nun zusammen?

Beispiel:

yo habré trabajado	ich werde gearbeitet haben
tú habrás trabajado	du wirst gearbeitet haben
él / ella / usted habrá trabajado	er / sie / es wird gearbeitet haben
nosotros / nosotras habremos trabajado	wir werden gearbeitet haben
vosotros / vosotras habréis trabajado	ihr werdet gearbeitet haben
ellos / ellas / ustedes habrán trabajado	sie werden gearbeitet haben

Die Verben mit den Endungen -er und -ir werden wie die auf -ar gebildet, nur dass das participio pasado auf **-ido** endet, statt auf **-ado.**

In Ihrem Sprachgebrauch verwenden Sie das futuro perfecto, wenn Sie die vergangene Zukunft beschreiben. Was bedeutet das?

• Das futuro perfecto wird genutzt, wenn Handlungen und Abläufe beschrieben werden, die in der Zukunft als bereits abgeschlossen gelten oder abgeschlossen sein werden. Diese Zeitform verbindet somit mehrere Zusammenhänge in der Zukunft miteinander.

Beispiel:
Cuando papa llegué, Elena habrá limpiado su habitación.
(Wenn Papa kommt, wird Elena ihr Zimmer aufgeräumt haben.)

• Das futuro perfecto können Sie außerdem nutzen, um Vermutungen über vergangene Zusammenhänge anzubringen. Hierbei sollten Sie jedoch darauf achten, dass Sie die Aussage in Form einer Vermutung formulieren.

Beispiel:
Mi madre llegó tarde a casa ayer. Debe haber tenido mucho trabajo.
(Meine Mutter kam gestern spät nach Hause. Sie wird viel Arbeit gehabt haben.)

Wie auch in anderen Zeitformen, gibt es im futuro perfecto Signalwörter, an denen Sie sich orientieren können. Hierzu können Sie sich die nachfolgende Auflistung ansehen:

Signalwort	Übersetzung
a esa hora	um diese Zeit
dentro de unas semanas	innerhalb weniger Wochen
cuando	wenn
ya	bereits

Auf einen Blick:
Wissenswertes über das futuro perfecto

• Das futuro perfecto wird für die Beschreibung der vollendeten Zukunft (im Deutschen Futur II) verwendet.

• Die Bildung erfolgt durch die Konjugation des Hilfsverbs „haber" im futuro simple und das participio pasado der jeweiligen Verbendung.

• Das futuro perfecto können Sie verwenden, um Vermutungen über die Vergangenheit anzustellen.

Die Unterscheidung zwischen den Zukunftsformen

Da es vielen Lernenden schwerfällt, die Zukunftsformen voneinander zu unterscheiden und zu entscheiden, wann welche Form verwendet wird, finden Sie nachfolgend eine Übersicht, in der die Unterschiede abschließend noch einmal gegenübergestellt werden.

	futuro simple	**futuro próximo**	**Futuro perfecto**
Beispiel	El próximo año iré a Madrid.	El próximo año voy a ir Madrid.	El próximo año habré ido a Madrid.
Deutsche Übersetzung	Nächstes Jahr gehe ich nach Madrid.	Nächstes Jahr werde ich nach Madrid gehen.	Nächstes Jahr werde ich nach Madrid gegangen sein.
Begründung	Die Reise liegt in der fernen Zukunft, steht also noch nicht unmittelbar bevor.	Die Reise liegt in der Zukunft, ist aber beispielsweise bereits gebucht. Der Sprecher liefert eine spezifische Information und gibt preis, dass die Reise unmittelbar bevorsteht.	In diesem Beispiel wird die Gegenwart mit der Zukunft verbunden.
Wann wird die Zeitform verwendet?	Vermutungen, Aufforderungen, erfüllbare Bedingungssätze	Handlungen in naher Zukunft, Alltagssprache	Verbindung zwischen der Gegenwart und der Zukunft, Verbindung zwischen zwei Handlungen, die in der Zukunft liegen.

Übung zur Konjugation des futuro perfecto

Konjugieren Sie die nachfolgenden Verben im futuro perfecto.

hablar (sprechen)

Person	Konjugiertes Verb
yo	
tú	
él / ella / usted	
nosotros / nosotras	
vosotros / vosotras	
ellos / ellas / ustedes	

comer (essen)

Person	Konjugiertes Verb
yo	
tú	
él / ella / usted	
nosotros / nosotras	
vosotros / vosotras	
ellos / ellas / ustedes	

vivir (leben)

Person	Konjugiertes Verb
yo	
tú	
él / ella / usted	
nosotros / nosotras	
vosotros / vosotras	
ellos / ellas / ustedes	

abrir (öffnen)

Person	Konjugiertes Verb
yo	
tú	
él / ella / usted	
nosotros / nosotras	
vosotros / vosotras	
ellos / ellas / ustedes	

decir (sagen)

Person	Konjugiertes Verb
yo	
tú	
él / ella / usted	
nosotros / nosotras	
vosotros / vosotras	
ellos / ellas / ustedes	

Die Lösungen zu dieser Aufgabe finden Sie am Ende des Kapitels in einem separaten Lösungskapitel.

EINE KURZGESCHICHTE

Audiodatei 7

Kurzgeschichte: Das Mädchen mit der roten Haube

Spanisch	**Deutsch**
Érase una vez una niña que se caracterizaba por llevar un gorro rojo. Como siempre llevaba este gorro, también la llamaban "Caperucita Roja".	Es war einmal ein kleines Mädchen, das dafür bekannt war, eine rote Haube zu tragen. Da sie diese Haube immer trug, wurde sie auch als „Rotkäppchen" bezeichnet.
Un día, su madre le dijo a Caperucita que fuera a visitar a su abuela. Estaba enferma y Caperucita debía llevarle algo de comer.	Eines Tages trug die Mutter dem Rotkäppchen auf, die Großmutter zu besuchen. Sie war krank und Rotkäppchen sollte ihr etwas Verpflegung bringen.
Así que la madre le preparó una cesta y la envió. En el bosque se encontró con el lobo. Sin saber que era el lobo, tuvo una agradable charla con él y le contó sus planes.	Also packte die Mutter ihr einen Korb und schickte sie los. Im Wald traf sie auf den Wolf. Da sie nicht wusste, dass er der Wolf war, unterhielt sie sich nett mit ihm und erzählte ihm von ihren Plänen.
Luego continuó su viaje hacia su abuela. El lobo trazó un plan, sorprendió a la abuela y se la comió de un bocado, esperando a que Caperucita hiciera lo mismo.	Anschließend setzte sie ihre Reise zur Großmutter fort. Der Wolf schmiedete einen Plan, überraschte die Großmutter und fraß sie mit einem Biss auf, um auf das Rotkäppchen zu warten und mit ihm das Gleiche zu tun.
Mientras el lobo esperaba, se durmió agotado por su festín. ...	Während der Wolf wartete, schlief er erschöpft von seinem Festmahl ein. ...

VOKABELSAMMLUNG – EINE ÜBERSICHT

Erste Zahlen und einfache Unterhaltungsbausteine

Spanisch	Deutsch
¡Hola!	Hallo!
¡Adiós!	Tschüss!
sí	ja
no	nein
cero	null
uno	eins
dos	zwei
tres	drei
cuatro	vier
cinco	fünf
seis	sechs
siete	sieben
ocho	acht
nueve	neun
diez	zehn
¿Cuánto?	Wie viel?
conocer a alguien	jemanden kennenlernen
las vacaciones	der Urlaub
el nombre	der Name
¿Dónde?	Wo?
encontrar	treffen
¡Bienvenido!	Willkommen! (förmlich)
ser de	kommen aus
ir a	kommen nach
(yo) he nacido	ich wurde geboren
ver	sehen
vivir	leben
pasar	verbringen
llamarse	heißen (reflexives Verb)
el año	das Jahr
¿Cómo?	Wie?

¿Por qué?	Warum?
¿De dónde?	Woher?
¡Hasta pronto!	Bis bald!
vivir	wohnen
y	und
ir	gehen
gracias	danke
por favor	bitte
buenos días	guten Morgen
buenas tardes / noches	guten Abend
arriba	oben
abajo	unten
hasta luego	auf Wiedersehen
bonito	schön
bien	gut
mal	schlecht
el desayuno	das Frühstück
grande	groß
mayor	größer
pequeño	klein
menor	kleiner
con mucho gusto	gerne
de acuerdo	in Ordnung, einverstanden
naturalmente	selbstverständlich
el tiempo	die Zeit
el reloj	die Uhr
la hora	die Stunde
el minuto	die Minute
el segundo	die Sekunde
la una	ein Uhr
las dos	zwei Uhr
las cinco y diez	zehn nach fünf
las cuatro y cuarto	Viertel nach vier
el cuarto	das Viertel
las cuatro y media	halb fünf

las diez y media	halb elf
und media hora	eine halbe Stunde
las dos menos cuarto	Viertel vor zwei
las nueve menos cinco	fünf vor neun
buscar	suchen
reservar	reservieren
estar provisto de	ausgestattet sein mit
poder	können
poner	setzen, stellen, legen
hablar	sprechen
no poder	nicht können
decir	sagen
con	mit
sin	ohne

BEISPIELSÄTZE

¿Qué hora es dentro de media hora?
(Wie viel Uhr ist es in einer halben Stunde?)

El desayuno de este mañana era muy rico
(Das Frühstück heute Morgen war sehr lecker.)

Son las diez y media.
(Es ist halb elf.)

La manzana está sobre la mesa. Es más grande que la última que me comí.
(Der Apfel liegt auf dem Tisch. Er ist größer als der letzte, den ich gegessen habe.)

Lösungen zu den Übungen

In diesem Kapitel finden Sie die Lösungen zu den Übungen der vorangegangenen Erläuterungen.

Übung zum presente de indicativo

Hoy Maria y José van a casa de sus abuelos.
¿Desde cuándo cantas tan bien?
Ella baila y hace mucho deporte en su tiempo libre
A Elena le encantan los animales. Pero su novio es alérgico. Por eso evita el contacto.
Los hijos de la tía Ella tienen mucha energía.
Tengo que trabajar esta mañana. Después podemos vernos.

Übung zur Konjugation der Verben im pretérito imperfecto

Person	**Verb**
Regelmäßige Verben	
1. Person Singular, hablar (sprechen)	yo hablaba
3. Person Singular, aprender (lernen)	él / ella / usted aprendía
3. Person Plural, vivir (leben)	ellos / ellas / ustedes vivían
2. Person Plural, entender (verstehen)	vosotros / vosotras entendíamos
Unregelmäßige Verben	
1. Person Plural, ir (gehen)	nosotros / nosotras íbamos
2. Person Plural, ser (sein)	vosotros / vosotras erais
1. Person Singular, ver (sehen)	yo veía
3. Person Plural, ser (sein)	ellos / ellas / ustedes eran

Übung zum pretérito indefinido

Ayer Ana y Tim comieron pizza y pasta.
El año pasado volé a Hawai con mi familia. Fue una vacacion maravillosa.
Nos jugamos en el patio.
Quise a nuestro viejo perro Jimmy. Fue mi mejor amigo.

Übung zur Konjugation in der Gegenwart und Vergangenheit

Spanisch	Übersetzung	Um diese Zeit handelt es sich …
Me sorprendió con su respuesta.	Sie hat mich mit ihrer Antwort überrascht.	pretérito indefinido
El clima es malo hoy.	Heute ist schlechtes Wetter.	presente de indicativo
Martín me llamó el domingo.	Martin hat mich am Sonntag angerufen.	pretérito indefinido
Elina siempre comía paella.	Elina hat immer Paella gegessen.	pretérito imperfecto
No iba a la escuela porque estaba enfer-mo.	Er ging nicht in die Schule, weil er krank war.	pretérito imperfecto
Ella me escribió una carta ayer.	Sie schrieb mir gestern einen Brief.	pretérito indefinido
El jarrón se cayó de la mesa.	Die Vase fiel vom Tisch.	pretérito indefinido
Emil cortó el nudo con su espada.	Emil zerteilte den Kno-ten mit seinem Schwert.	pretérito indefinido
No eran ricos, pero sí felices.	Sie waren nicht reich, aber doch zufrieden.	pretérito imperfecto
No pudieron informar el domingo porque no pudieron.	Sie konnten sich Sonn-tag nicht melden, weil sie verhindert waren.	pretérito indefinido
El sol está ahí.	Die Sonne ist da.	presente de indicativo
Como estaba enfermo, no podía hacer depor-te.	Weil er krank war, konnte er nicht zum Sport.	pretérito imperfecto

Übung zum El futuro simple

hablar (sprechen)

Person	Konjugiertes Verb
yo	hablaré
tú	hablarás
él / ella / usted	hablará
nosotros / nosotras	hablaremos
vosotros / vosotras	hablaréis
ellos / ellas / ustedes	hablarán

comer (essen)

Person	Konjugiertes Verb
yo	comeré
tú	comerás
él / ella / usted	comerá
nosotros / nosotras	comeremos
vosotros / vosotras	comeréis
ellos / ellas / ustedes	comerán

vivir (leben)

Person	Konjugiertes Verb
yo	viviré
tú	vivirás
él / ella / usted	vivirá
nosotros / nosotras	viviremos
vosotros / vosotras	viviréis
ellos / ellas / ustedes	vivirán

querer (wollen)

Person	Konjugiertes Verb
yo	querré
tú	querrás
él / ella / usted	querrá
nosotros / nosotras	querremos
vosotros / vosotras	querréis
ellos / ellas / ustedes	querrán

hacer (machen)

Person	Konjugiertes Verb
yo	haré
tú	harás
él / ella / usted	hará
nosotros / nosotras	haremos
vosotros / vosotras	haréis
ellos / ellas / ustedes	harán

Übung zum El futuro próximo

Algunos estudiantes **van a estudiar** este fin de semana.
Martin **va a venir** a una fiesta esta noche.
Vosotros **vaís a ir** de vacaciones este invierno.
El precio de la gasoline **va a subir** en este Verano.
Martin y Emilia **van a visitar** sus abuelos esta tarde.
Juanita **va a traer** las bebedidas para la fiesta.
Mis clases de yoga **van a empezar** en el fin de semana que viene.

Übung zum El futuro perfecto

hablar (sprechen)

Person	Konjugiertes Verb
yo	habré hablado
tú	habrás hablado
él / ella / usted	habrá hablado
nosotros / nosotras	habremos hablado
vosotros / vosotras	habréis hablado
ellos / ellas / ustedes	habrán hablado

comer (essen)

Person	**Konjugiertes Verb**
yo	habré comido
tú	habrás comido
él / ella / usted	habrá comido
nosotros / nosotras	habremos comido
vosotros / vosotras	habréis comido
ellos / ellas / ustedes	habrán comido

vivir (leben)

Person	**Konjugiertes Verb**
yo	habré vivido
tú	habrás vivido
él / ella / usted	habrá vivido
nosotros / nosotras	habremos vivido
vosotros / vosotras	habréis vivido
ellos / ellas / ustedes	habrán vivido

abrir (öffnen)

Person	**Konjugiertes Verb**
yo	habré abierto
tú	habrás abierto
él / ella / usted	habrá abierto
nosotros / nosotras	habremos abierto
vosotros / vosotras	habréis abierto
ellos / ellas / ustedes	habrán abierto

decir (sagen)

Person	**Konjugiertes Verb**
yo	habré dicho
tú	habrás dicho
él / ella / usted	habrá dicho
nosotros / nosotras	habremos dicho
vosotros / vosotras	habréis dicho
ellos / ellas / ustedes	habrán dicho

Lektion 5: Satzbildung, Fragesätze und Verneinung

Nachdem Sie nun bereits in den vorangegangenen Kapiteln einiges über die spanische Grammatik erfahren haben, werden wir uns innerhalb dieser Lektion gemeinsam die Satzbildung, die Formulierung von Fragesätzen sowie die Konstruktion von Verneinungen anschauen.

Die Satzkonstruktion – La construcción de oraciones

Ebenso wie in der deutschen Sprache folgt die Konstruktion spanischer Sätze bestimmten Regeln. Auch im Spanischen wird zwischen Haupt- und Nebensatzkonstruktionen unterschieden.

Hauptsatzkonstruktionen

Im Spanischen wird der Hauptsatz als oración principal bezeichnet. Er kann selbstständig auch ohne einen dazugehörigen Nebensatz stehen. Als Bestandteile des Hauptsatzes gelten dabei das Subjekt (el sujeto), das Prädikat (el verbo) sowie in einigen Fällen ein Objekt (el complemento).

El sol	**brilla**	**en verano.**
Die Sonne	scheint	im Sommer.
Subjekt	Prädikat	Objekt
übt die Handlung aus	**beschreibt** die Handlung	hierauf **wirkt** sich die Handlung **aus**

Innerhalb einer Hauptsatzkonstruktion ist ein Objekt nicht zwangsläufig nötig. Auch Adjektive sowie Orts- und Zeitangaben müssen nicht unbedingt innerhalb eines Hauptsatzes angeführt werden. Sie sind daher nicht obligatorisch.

Beispiel:
Mi gato negro tiene dos años.
(Meine schwarze Katze ist zwei Jahre alt.)

Merksatz:
Für die Reihenfolge der wichtigsten Satzglieder können Sie sich die folgende Faustregel merken: – P – O = Subjekt – Prädikat – Objekt

Zwei Objekte in einem Satz:

Verwenden Sie innerhalb eines Satzes mehr als ein Objekt, müssen Sie hierfür eine bestimmte Reihenfolge beachten.

Beispiel:
Simona da un libro a su amiga.
(Simona gibt ihrer Freundin ein Buch.)

Innerhalb dieses Satzes steht das direkte Objekt (im Deutschen auch Akkusativobjekt) vor dem indirekten Objekt (Dativobjekt).

Merksatz:
Innerhalb eines spanischen Satzes steht bei der Verwendung von zwei Objekten das direkte Objekt vor dem indirekten Objekt.

Wollen Sie herausfinden, welches Objekt direkt und welches indirekt ist, können Sie, wie auch im Deutschen, für das Akkusativobjekt mit „Wen oder was?" fragen.

Für die Bestimmung des Dativobjekts fragen Sie mit dem Fragewort „Wem?".

Im Fall des obigen Beispiels ist das direkte Objekt „un libro". Hiernach fragen Sie beispielsweise wie folgt:

„(Wen oder) Was gibt Simona ihrer Freundin?" – das Buch (un libro)

Für das indirekte Dativobjekt fragen Sie analog entsprechend:

„Wem gibt Simona ein Buch?" – ihrer Freundin (su amiga)

Folgende übliche Satzstellung gilt:

Subjekt	**Prädikat**	**direktes Objekt**	**indirektes Objekt**
Ellas **(Sie)**	escriben (schreiben)	una carta (eine Karte)	a Maria. (an Maria).
Jorge **(Jorge)**	compra (kauft)	un libro. (ein Buch).	

Ort und Zeit:

Verwenden Sie innerhalb einer Satzkonstruktion Ortsangaben oder Angaben zur Zeit, folgt der Satz ebenfalls einer vorgegebenen Konstruktion:

Beispiel:
Mi gato negro siempre se sienta frente a mi puerta por la mañana.
(Meine schwarze Katze sitzt morgens immer vor meiner Tür.)

Innerhalb dieser Satzkonstruktion steht die Ortsbeschreibung **vor** der Zeit.

Merksatz:
Tauchen innerhalb einer Satzkonstruktion Orts- und Zeitangaben auf, steht der Ort vor der Zeit, ähnlich zur englischen Regel *place before time*.

Folgende übliche Satzstellung gilt daher innerhalb des spanischen Aussagesatzes:

Subjekt	Prädikat	Ort	Zeit
Mi gato negro (Meine schwarze Katze)	se siente (sitzt)	frente a mi puerta (vor meiner Tür)	por la mañana. (am Morgen).
Mi bicicleta (Mein Fahrrad)	está (steht / befindet sich)	en el garaje (in der Garage)	los domingos. (sonntags).

Die Stellung des Adjektivs innerhalb eines Satzes

Die Stellung des Adjektivs in der spanischen Sprache unterscheidet sich von der Stellung des Adjektivs innerhalb eines deutschen Satzes. Grundsätzlich positionieren Sie spanische Adjektive **hinter dem Substantiv**, auf das sich das jeweilige Adjektiv bezieht.

Beispiel:
Ella está esperando que la doy comida.
(Sie wartet darauf, dass ich ihr Futter gebe.)

Achtung Ausnahme: Nur für den Fall, dass ein Adjektiv **besonders betont** werden soll, steht das Adjektiv vor dem entsprechenden Substantiv.

Da diese Sätze ein Subjekt enthalten, spricht man hier auch oft von persönlichen Hauptsätzen (las oraciones personales). Neben den persönlichen Hauptsätzen gibt es auch die sogenannten unpersönlichen Hauptsätze, las oraciones impersonales. In diesen Satzkonstruktionen finden Sie kein Subjekt. In der Regel steht das **Verb** hier in der **3. Person Singular**. Im Deutschen entsprechen Passivsätze am ehesten dieser Satzkonstruktion.

Beispiel:
Para cena hay patatas.
(Zum Abendessen gibt es Kartoffeln.)

Tenemos algo especial para cenar hoy.
(Heute gibt es zum Essen etwas Besonderes.)

Merksatz:
Bei unpersönlichen Sätzen ohne Subjekt steht das Verb in der Regel in der 3. Person Singular.

Nebensatzkonstruktionen

Im Spanischen nennt man den Nebensatz oración subordinada, was wörtlich so viel bedeutet wie untergeordneter Satz. Damit ist die Funktion des Nebensatzes bereits erklärt. Der Nebensatz kann nicht ohne den übergeordneten Hauptsatz stehen. Schauen Sie sich hierzu die nachfolgenden Satzkonstruktionen aus Haupt- und Nebensätzen einmal genauer an.

Beispiel:
Si hace bueno tiempo, vamos a la playa.
(Wenn das Wetter gut ist, gehen wir an den Strand.)

Cuando no llueve, vamos a nadar.
(Wenn es nicht regnet, fahren wir schwimmen.)

Cuando celebramos un cumpleaños más tarde, hay que prepararlo todo.
(Wenn wir später Geburtstag feiern, muss alles vorbereitet sein.)

Este es el restaurante donde mi amiga Martina trabaja.
(Das ist das Restaurant, in dem meine Freundin Martine arbeitet.)

Wie Sie sehen, gestaltet sich die Konstruktion des Nebensatzes im spanischen Sprachgebrauch ähnlich wie im deutschen. Zunächst folgt eine Einleitung, meist in Form einer Konjunktion, an die ein Subjekt anschließt. Das Verb steht innerhalb des Nebensatzes in aller Regel am Ende.

	Konjunktion	**Subjekt**	**Verb**
	Cuando no llueve,	(nosotros) vamos	a nadar.
Übersetzung	Wenn es nicht regnet,	fahren wir	schwimmen.

Taucht im Nebensatz darüber hinaus ein Objekt auf, wird dies meist hintenangestellt und steht hinter dem Verb.

	Konjunktion	Subjekt	Verb	Objekt
	Sie hace bueno tiempo,	(nosotros)	vamos	a la playa.
Übersetzung	Wenn das Wetter gut ist,	fahren wir		an den Strand.

Neben den Haupt- und Nebensatzkonstruktionen sollten Sie außerdem die folgenden Satztypen kennen:

- **Aussagesätze (las oraciones enunciativas o declarativas)**

Bei dieser Satzform bejaht oder verneint der Sprecher etwas.

Beispiel für bejahende Satzkonstruktionen:
Tengo frío. Mir ist kalt.
Tengo hambre. Ich habe Hunger.
Estoy enfermo. Ich bin krank.

Info: Verneinende Satzkonstruktionen werden an dieser Stelle ausgelassen, da sich hierzu innerhalb des Buches ein separates Kapitel „Die Verneinung" findet, in dem die Stellung von verneinten Satzkonstruktionen genauer erläutert wird.

- **Ausrufsätze (las oraciones exclamativas)**

Mit dieser Satzform bringt der Sprecher eine bestimmte Emotion für die Zuhörenden zum Ausdruck.

Besonderheit: Diese Satzform beginnt und endet mit einem Ausrufezeichen. Das vorangestellte Ausrufezeichen (¡) steht dabei auf dem Kopf.

Beispiel:
¡Qué enfermo estoy!
(Wie krank bin ich!)

¡Me siento tan mal!
(Mir geht es so schlecht!)

¡Mira qué mal aspecto tiene!
(Schau mal, wie schlecht sie aussieht!)

• **Aufforderungs- oder Befehlssätze (las oraciones imperativas)**
Aufforderungs- oder Befehlssätze werden im deutschen Sprachgebrauch auch als Imperativsätze bezeichnet. Sie werden verwendet, um einen Befehl, eine Bitte oder einen Vorschlag auszudrücken. Das Verb steht innerhalb dieser Satzkonstruktion dann in der Befehlsform, dem sogenannten Imperativo.

Beispiel:
¡Lava tu ropa!
(Wasche deine Kleidung!)

Lávate las manos antes de comer.
(Wasch dir vor dem Essen die Hände!)

¡Limpia tu habitación!
(Räum dein Zimmer auf!)

¡Vamos al cine hoy!
(Lass uns heute ins Kino gehen!)

¿Podrías hacer la compra?
(Könntest du bitte noch den Einkauf machen?)

Auf einen Blick:
Die Satzkonstruktionen im Spanischen

• Hauptsätze können im spanischen ebenso wie im deutschen Sprachgebrauch alleine stehen. Nebensätze hingegen lassen sich ausschließlich in eine Hauptsatzkonstruktion einordnen.

• Grundsätzlich gilt für den Satzbau die Formel Subjekt – Prädikat – Objekt.

• Das direkte Objekt (Akkusativ) steht innerhalb des Satzes immer vor dem indirekten Objekt (Dativ).

• Präpositionen des **Ortes** stehen **vor** Präpositionen der **Zeit**.

• In der Regel stehen Adjektive hinter dem Subjektiv, auf das sie sich beziehen, sofern dieses nicht besonders betont werden soll.

Übung zu den Satzkonstruktionen im Spanischen

Setzen Sie die nachfolgenden Satzbausteine so zusammen, dass sich die darunter stehende Übersetzung ergibt.

(negro) (gato) (mi) (dos) (años)(tiene)

___

___

(Meine schwarze Katze ist zwei Jahre alt.)

(Simona) (a su amiga) (da) (un) (libro)

___

___

(Simona gibt ihrer Freundin ein Buch.)

(una carta) (escriben) (mis abuelos) (a) (madre) (mi)

___

___

(Meine Großeltern schreiben eine Karte an meine Mutter.)

(compra) (Sina) (un) (libro)

___

___

(Sina kauft ein Buch.)

(no) (llueve) (vamos) (nadar) (a) (cuando)

___

___

(Wenn es nicht regnet, fahren wir schwimmen.)

Die Lösungen zu dieser Aufgabe finden Sie am Ende des Kapitels in einem separaten Lösungskapitel.

Die Konstruktion von Fragesätzen – La oración de pregunta

Im Spanischen werden Fragen oder Fragesätze auch als oraciones interrogativas oder oraciones de pregunta bezeichnet. Bei Fragesätzen im spanischen Sprachgebrauch unterscheiden Sie zwischen Fragen, die Sie mit Ja oder Nein beantworten können (**Entscheidungsfragen**), und Fragen, die mit einem **Fragewort** auftreten. Für das bessere Verständnis der Unterscheidung schauen Sie sich einmal das nachfolgende Beispiel an.

Entscheidungsfragen	Fragen mit Fragewort	Übersetzung
¿Te gusta ir a la escuela?		Gehst du gern zur Schule?
	¿Por qué no te gusta ir a la escuela?	Warum gehst du nicht gerne zur Schule?
¿Te gustan las clases de matemáticas?		Magst du den Mathematikunterricht?
	¿Qué es lo que más le gusta de enseñar matemáticas?	Was magst du am Mathematikunterricht am meisten?
	¿Cúando viene Martina?	Wann kommt Martina?
¿Te gusta más el fútbol o el tenis?		Magst du Fußball oder Tennis lieber?

Entscheidungsfragen

Entscheidungsfragen stellen innerhalb des spanischen Sprachgebrauchs die einfachste Form von Fragetypen dar. Meist wird der Adressat bei dieser Frageform vor eine bestimmte Entscheidung gestellt, bei der er aus unterschiedlichen Optionen wählen muss. Zudem lassen sich die Fragen oftmals (nicht immer) mit Ja oder Nein beantworten.

Folgende Merkmale können Sie Entscheidungsfragen daher zuschreiben:

- Entscheidungsfragen weisen kein Fragewort auf.

- Ihre Konstruktion wird äquivalent zu einem Aussagesatz vorgenommen. Als Frage lässt sich die Entscheidungsfrage dabei nur durch das Ansteigen der Satzmelodie sowie das Fragezeichen vor dem Satz erkennen.

Beispiel:

Aussagesatz:
Puedo ir contigo al restaurante.
(Ich kann mit dir ins Restaurant gehen.)

vs.

Entscheidungsfrage:
¿Puedo ir contigo al restaurante?
(Kann ich mit dir ins Restaurant gehen?)

- Ebenso wie Fragen, die ein Fragewort aufweisen, stehen Entscheidungsfragen zwischen zwei Fragezeichen.

Merksatz:
Entscheidungsfragen werden ebenso gebildet wie Aussagesätze. Sie sind ausschließlich an der ansteigenden Stimmmelodie sowie an den Satzzeichen erkennbar.

Ergänzungsfragen

(Fragen, die ein Fragewort aufweisen)

Ergänzungsfragen werden häufig auch als Teilfragen bezeichnet. Sie lassen sich anders als Entscheidungsfragen meist nicht ausschließlich mit Ja oder Nein beantworten. Oft ist es angebracht, dass der Befragte mehr Informationen auf die jeweilige Frage liefern muss.

Folgende Merkmale können Sie Entscheidungsfragen daher zuschreiben:
Ergänzungsfragen enthalten immer ein Fragewort und werden durch dieses angezeigt. Hierbei kann es sich sowohl um ein Fragepronomen, wie beispielsweise

- quién (wer?),
- qué (was?),
- cuál (wie viel?),

als auch um das Fragewort cuánto (wie viele?) handeln.

Darüber hinaus können Frageadverbien benutzt werden. Hierbei kommen Fragewörter, wie beispielsweise

- dónde (wo?),
- adónde (woher?),
- cuándo (wann?),
- por qué (warum?),

in Frage.

Beispiel:
¿Dónde está el restaurante?
(Wo ist das Restaurant?)

Innerhalb einer Ergänzungs- oder Teilfrage tauscht das Subjekt mit dem Objekt die Position innerhalb des Satzes. Hieraus ergibt sich ein Satzbau wie folgt:

Fragewort + Verb + Subjekt

Beispiel:
¿Qué haces (tú) esta noche?
(Was machst du heute Abend?)

Wenn nach einem Subjekt gefragt wird, verändert sich der Satzbau innerhalb des Fragesatzes im Vergleich zur gewöhnlichen Satzkonstruktion nicht.

Beispiel:
¿Con quién vas al cine?
(Mit wem gehst du ins Kino?)

Merksatz:
Innerhalb einer Ergänzungs- und Teilfrage wird das Subjekt mit dem Objekt getauscht. Wird nach einem Subjekt gefragt, verändert sich die Satzkonstruktion im Vergleich zu einer gewöhnlichen Satzkonstruktion nicht.

Auf einen Blick:
Der Fragesatz im Spanischen

- Im spanischen Sprachgebrauch wird zwischen Entscheidungs- und Ergänzungs- bzw. Teilergänzungsfragen unterschieden.
- Entscheidungsfragen lassen sich meist mit Ja oder Nein beantworten und unterscheiden sich in ihrer Struktur von einem Aussagesatz ausschließlich durch die angeführten Satzzeichen sowie die Betonung.
- Ergänzungsfragen weisen ein Fragewort auf. Hier wird das Subjekt mit dem Objekt für die Bildung der Frage getauscht.

Eine Auflistung gängiger Frageworte finden Sie zusammen mit anderen Vokabeln in der Vokabelliste innerhalb der nachfolgenden Kapitel.

Übung zur Konstruktion von Fragen

Setzen Sie die Fragenbestandteile so zusammen, dass sie den deutschen Übersetzungen entsprechen. Vergessen Sie die Satzzeichen nicht und wenden Sie Ihr Wissen an! Achten Sie außerdem auf die korrekte Groß- und Kleinschreibung.

(por qué) (gusta) (te) (la) (a) (ir) (escuela) (no)

____

(Warum gehst du nicht gerne zur Schule?)

(gusta) (más) (te) (el tenis) (o) (el fútbol)

____

(Magst du Fußball oder Tennis lieber?)

(contigo) (puedo) (ir) (cine) (al)

____

(Kann ich mit dir ins Kino gehen?)

(restaurante) (el) (dónde) (está)

____

(Wo ist das Restaurant?)

Die Lösungen zu dieser Aufgabe finden Sie am Ende des Kapitels in einem separaten Lösungskapitel.

Die Verneinung – La negación

Um Aussagen zu verneinen oder ein Angebot abzulehnen, benötigen Sie im Spanischen die Verneinung, die sogenannte negación. Im Spanischen kann die Verneinung auf unterschiedliche Arten ausgedrückt werden. Zu den Arten der spanischen Verneinung gehören dabei die nachfolgenden Möglichkeiten:

- die Verneinung mithilfe einer verneinenden Satzkonstruktion
- die Verneinung ohne eine verneinende Satzkonstruktion – hier wird die Verneinung durch einen gegenteiligen Begriff oder ein Präfix, also eine entsprechende Vorsilbe, abgebildet

Spanische Verneinung durch verneinende Satzkonstruktionen

Die Verneinung wird im Spanischen durch sogenannte Negatoren, also verneinende Wörter, gebildet. Diese Form der Verneinung stellt die klassische Art der Verneinung dar. Sie wird auch als einfache Verneinung bezeichnet. Diese Form wird mithilfe eines Negators gebildet. Der klassische Negator ist dabei das Wort „no“ (nein / nicht).

Beispiel:
No quiero comer patatas.
(Ich will keine Kartoffeln essen.)

No voy a la escuela.
(Ich gehe nicht zur Schule.)

Marlena y Marina no quieren ser creativo.
(Marlena und Marina sind nicht gerne kreativ.)

Innerhalb eines Satzes steht der Negator **vor dem konjugierten Verb**. Hierzu können Sie sich den nachfolgenden Merksatz einprägen:

Merksatz:
Die Verneinung wird mit no und dem konjugierten Verb gebildet. Der Negator steht dabei vor dem konjugierten Wort innerhalb des Satzes.

Neben der einfachen Verneinung sollten Sie wissen, dass es im spanischen Sprachgebrauch eine Reihe an Wörtern gibt, die eine Negation innerhalb des Satzes kenntlich machen. Zu den gängigen, die Sie kennen sollten, zählen dabei:

Negator	**Übersetzung**
nadie	niemand
nunca	niemals
ninguno / ninguna	keiner / keine
nada	nichts

Beispiele für die Verwendung dieser Negatoren:
Nadie puede cocinar.
(Keiner kann kochen.)

Nadie quiere ir a la escuela.
(Niemand hat Lust, zur Schule zu gehen.)

Nunca seré como mi padre.
(Niemals werde ich so sein wie mein Vater.)

Ninguno entendió la tarea.
(Keiner hat die Hausaufgaben verstanden.)

Afirman que no pueden hacer nada.
(Sie behaupten, sie könnten nichts.)

Doppelte Verneinung

Bei der Konstruktion der Verneinung reicht es in einigen Fällen nicht aus, auf die bereits genannten Formen der Verneinung zurückzugreifen. In diesen Fällen müssen Sie für die Bildung der Verneinung auf die sogenannte doppelte Verneinung zurückgreifen. Als doppelte Verneinung wird diese Form der Verneinung bezeichnet, da sie neben dem klassischen Negator „no" auf einen weiteren Ausdruck zurückgreift, der die Verneinung innerhalb des Satzes deutlich macht. Diese Form der Verneinung wird immer dann verwendet, wenn die ausgedrückte Verneinung besonders betont werden soll.

Beispiel:
Einfache Verneinung:
Nunca voy a un restaurante. (Ich gehe nie in ein Restaurant.)

Doppelte Verneinung:
No voy nunca a un restaurante. (Ich gehe nie in ein Restaurant.)

Hierbei wird zwischen unterschiedlichen doppelten Verneinungsformen unterschieden:

Verneinende Elemente hinter dem Verb

Bei dieser Form der Verneinung geht es vor allem darum, die verneinende Haltung besonders zum Ausdruck zu bringen. Der Sprecher beabsichtigt hier eine unmissverständliche Aussage. Hierzu nutzt er einen weiteren Negator (wie beispielsweise nadie, nunca, nada, ...), der hinter dem Verb platziert wird.

Beispiel:
No voy nunca al restaurante.
(Ich gehe nie ins Restaurant.)

Merksatz für die Verneinung mithilfe eines verneinenden Elements:
no + Verb + verneinendes Element

Verneinung einer Antwort

Diese Form der Verneinung verwenden Sie, wenn Sie auf eine Frage antworten wollen, die Ihnen gestellt wurde. Zur Verdeutlichung wiederholen Sie bei dieser Form der Verneinung den Negator no.

Beispiel:
No, no me comí el chocolate.
(Nein, ich habe nicht die Schokolade aufgegessen.)

No, no he limpiado mi habitación.
(Nein, ich habe mein Zimmer nicht aufgeräumt.)

Merksatz für die Bildung der Verneinung einer Antwort:
No, no + Verb

Folgende Verneinungsformen sollten Sie für die Bildung einer verneinenden Satzkonstruktion im Sinne der doppelten Verneinung kennen:

Form der Verneinung	Deutsch
no … ninguno / ninguna	keiner / keine
no … jamás	niemals
no … tampoco	auch nicht
no … nada	nichts
no … nadie	niemand
no … sin	ohne
no … nunce	nie
no … ya no	nicht mehr
no … apenas	kaum
no … ni … ni	weder noch
no … de ninguna manera	keinesfalls

Neben den verneinenden Konstruktionen haben Sie die Möglichkeit, sogenannte Präfixe für die Verneinung zu nutzen, wie im folgenden Beispiel das Präfix in-.

Beispiel:
Ello tiene una enfermedad **in**curable.
(Er hat eine unheilbare Krankheit.)
El juguete es **in**útil.
(Das Spielzeug ist nutzlos.)

Diese Präfixe können Sie zusätzlich nutzen, um eine verneinende Wirkung innerhalb einer Satzkonstruktion auszudrücken. Da innerhalb der Vokabelsammlung weitere Präfixe auftauchen, die Sie lernen können, sollen an dieser Stelle nur ein paar Beispiele vorgestellt werden.

Beispiele für Präfixe:

lógico	(logisch)
ilógico	(unlogisch)
paciente	(geduldig)
impaciente	(ungeduldig)
justo	(gerecht)
injusto	(ungerecht)
flexible	(flexibel)
inflexible	(unflexibel)
finite	(fertig)
infinito	(unfertig)
repetible	(wiederholbar)
irrepetible	(nicht wiederholbar)
racional	(logisch)
irracional	(unlogisch)
tolerante	(tolerant)
intolerante	(intolerant)
consecuente	(konsequent)
inconsecuente	(inkonsequent)

Auf einen Blick:

Die Verneinung im Spanischen

- Eine Verneinung können Sie im Spanischen auf unterschiedliche Weise ausdrücken. Hierbei haben Sie die Möglichkeit, verneinende Wörter zu verwenden oder einen gegenteiligen Begriff in den Satz zu integrieren.
- Wird die Verneinung mithilfe eines Negators gebildet, steht die Verneinung vor dem konjugierten Verb.
- Bei der doppelten Verneinung stehen beide Negatoren vor dem konjugierten Verb.
- Soll bei der Verneinung kein Negator verwendet werden, können Sie mithilfe eines verneinenden Präfixes eine Verneinung zum Ausdruck bringen.

Übung zur Verneinung im Spanischen

Setzen Sie die nachfolgenden Satzbestandteile sinnvoll zusammen. Achten Sie hierbei auf die korrekte Position der Verneinung innerhalb des Satzes und behalten Sie die deutsche Übersetzung im Auge.

(quiero) (patatas) (comer) (no)

____

(Ich will keine Kartoffeln essen.)

(ellos) (ser) (creativo) (no) (quieren)

____

(Sie sind nicht gerne kreativ.)

(cantar) (nadie) (puede)

____

(Keiner kann singen.)

(nunca) (voy) (no) (cine) (al)

____

(Ich gehe nie ins Kino.)

Die Lösungen zu dieser Aufgabe finden Sie am Ende des Kapitels in einem separaten Lösungskapitel.

EINE KURZGESCHICHTE

Audiodatei 8

Kurzgeschichte: Reisefieber

Spanisch	**Deutsch**
Me encanta viajar. Para mí, no hay mejor pasatiempo.	Ich liebe das Reisen. Für mich gibt es keine schönere Freizeitbeschäftigung.
Paso cada minuto libre haciéndolo. A veces viajo solo, otras con amigos o me uno a un grupo de viajeros.	Jede freie Minute verbringe ich damit. Mal reise ich allein, mal mit Freunden oder ich schließe mich einer Reisegruppe an.
¿Por qué significa tanto para mí? Porque no hay otra actividad en la que se pueda adquirir más experiencia.	Warum mir das so viel bedeutet? Weil man bei keiner Beschäftigung mehr Erfahrungen machen kann.
Sólo las personas a las que les gusta viajar pueden entenderlo.	Das können nur Menschen verstehen, die selber gerne reisen.
¿Por qué? Una vez que te enganchas a viajar, no, nunca lo dejarás.	Warum? Hat dich das Reisen einmal gepackt – nein, dann lässt es dich nie wieder los.

VOKABELSAMMLUNG – EINE ÜBERSICHT

Fragewörter, Verben des Fragens und verneinende Wörter

Spanisch	Deutsch
quién / quiénes	wer
a quién / quiénes	wen / wem
con quién	mit wem
para quién	für wen
qué	was / welche
en qué	was
de qué	woran
sobre qué	wovon / worüber
con qué	womit
por qué	wieso / weshalb / warum
porque	weil
para qué	wofür / wozu
dónde	wo
a dónde	wohin
adónde	wohin
de dónde	woher
cuándo	wann
para cuándo	bis wann / für wann
desde	seit
desde cuándo	seit wann
hasta cuándo	bis wann
cómo	wie
cuál / cuáles	welche / welcher / welches
cuánto / cuánta / cuántos / cuántas	wie viel(e)
cada cuánto	wie oft
cuántas veces	wie viele Male / wie oft
por quién	von wem / durch wen
de quién	von wem
en dónde	wo
por dónde	woher

pues cómo	wieso denn / wie denn
en qué	was
¿Por cuánto?	Wie teuer?
¿En cuánto?	In wie viel?
¿Con cuánto(s)?	Wie oft? Mit wie vielen?
¿Para cuánto?	Für wie viele?
¿Por cuánto?	Wie teuer?
preguntar	fragen
querer saber	wissen wollen
cuestionar	infrage stellen
consultar	konsultieren / fragen
dudar	zweifeln
interrogar	befragen
informarse	sich informieren
pedir explicaciones	eine Erklärung fordern
averiguar	herausfinden
discutir	erörtern
discutir	diskutieren
llamar la atencion de	zur Kenntnis bringen
seleccionar	auswählen
determinar	eruieren
conversar	erörtern
charlar	plaudern
saber	wissen
saber	kennen
tener una opinión diferente	anderer Meinung sein
opiniones disidentes	abweichende Meinungen
rechazar	ablehnen
lógico	logisch
ilógico	unlogisch
editado	bearbeitet
sin editar	unbearbeitet
justo	fair
injusto	unfair
legal	legal

ilegal	illegal
competente	kompetent
incompetente	inkompetent
cooperativo	kooperativ
no cooperativo	unkooperativ
creativo	kreativ
no creativo	unkreativ
eficiente	effizient
ineficiente	ineffizient
intelligente	klug
no intelligente	unklug
factual	sachlich
infactual	unsachlich
capaz	fähig
incapaz	unfähig

BEISPIELSÄTZE

No es justo que trates así a tus amigos.
(Es ist nicht fair, wenn du so mit deinen Freunden umgehst.)

No puedo seguir así.
(Ich bin nicht fähig, so weiterzumachen.)

Tu argumento era completamente inobjetivo.
(Deine Argumentation war vollkommen unsachlich.)

¿Cuánto costaba este reloj?
(Wie teuer war diese Uhr?)

Lösungen zu den Übungen

In diesem Kapitel finden Sie die Lösungen zu den Übungen der vorangegangenen Erläuterungen.

Übung zur Konstruktion von Sätzen
Mi gato negro tiene dos años.
(Meine schwarze Katze ist zwei Jahre alt.)
Simona da un libro a su amiga.
(Simona gibt ihrer Freundin ein Buch.)
Mis abuelos escriben una carta a mi madre.
(Meine Großeltern schreiben eine Karte an meine Mutter.)
Sina compra un libro.
(Sina kauft ein Buch.)
Cuando no llueve, vamos a nadar.
(Wenn es nicht regnet, fahren wir schwimmen.)

Übung zur Konstruktion von Fragen
¿Por qué no te gusta ir a la escuela?
(Warum gehst du nicht gerne zur Schule?)
¿Te gusta más el fútbol o el tenis?
(Magst du Fußball oder Tennis lieber?)
¿Puedo ir al cine contigo?
(Kann ich mit dir ins Kino gehen?)
¿Dónde está el restaurante?
(Wo ist das Restaurant?)

Übung zur Verneinung im Spanischen
No quiero comer patatas.
(Ich will keine Kartoffeln essen.)
Marlena y Marina no quieren ser creativo.
(Marlena und Marina sind nicht gerne kreativ.)
Nadie puede cantar.
(Keiner kann singen.)
No voy nunca al cine.
(Ich gehe nie ins Kino.)

Lektion 6: Wortschatz und mehr

Nachdem Sie in den vorangegangenen Kapiteln nun verstärkt etwas über die spanische Grammatik gelernt haben, wird es nun darum gehen, das erarbeitete Wissen anzuwenden. Hierzu finden Sie in den nachfolgenden Kapiteln kurze Dialoge, die Sie sich anschauen können. Im Anschluss finden Sie dann erneut eine Übung, bei der Sie sich selbst ausprobieren können.

Praxistipp:
Um zu überprüfen, ob Sie die jeweiligen Dialoge verstehen, können Sie die deutsche Übersetzung abdecken und überlegen, was im jeweiligen Absatz steht. Im Anschluss können Sie die Übersetzung aufdecken und kontrollieren, ob Sie richtig lagen.

In der Stadt

Das Fragen nach dem Weg

Situation: Juan ist heute in Barcelona unterwegs. Die Stadt kennt er inzwischen wie seine Westentasche. Während er durch die Straßen schlendert, wird er von einem Spanier angesprochen und nach dem Weg gefragt.

Audiodatei 9

Dialog: Das Fragen nach dem Weg

Dialog	Spanisch	Deutsch
Unbekannter:	Discúlpeme. ¿Puede decirme dónde está el supermercado más cercano? Estoy aquí de vacaciones y no conozco el camino.	Entschuldigen Sie bitte. Können Sie mir sagen, wo ich den nächsten Supermarkt finde? Ich bin hier nur zum Urlaubmachen und kenne mich überhaupt nicht aus.
Juan:	Sí, claro. Conozco los alrededores. ¿Quieres ir a un supermercado en particular?	Ja, natürlich. Ich kenne mich aus. Wollen Sie zu einem bestimmten Supermarkt?
Unbekannter:	En principio, me quedaría con el supermercado que esté más cerca. Pero si pudieras decirme dónde encontrar un Mercadadona, me alegraría.	Grundsätzlich würde ich den Supermarkt nehmen, der am nächsten ist. Wenn Sie mir aber sagen könnten, wo ich einen Mercadadona (Name des Supermarktes) finde, würde ich mich freuen.
Juan:	De acuerdo. Estás de suerte. El supermercado no está lejos de aquí. Tome la siguiente calle a la derecha. Luego siga la calle hasta el final y gire de nuevo a la izquierda y habrá llegado.	Einverstanden. Da haben Sie Glück. Der Supermarkt ist nicht weit von hier. Biegen Sie in die nächste Straße rechts ab. Dann folgen Sie der Straße bis zum Ende, biegen noch einmal links ab und Sie sind angekommen.
Unbekannter:	¡Muchas gracias! ¡Adios!	Vielen Dank! Auf Wiedersehen.
Juan:	Hasta luego!	Bis bald!

Audiodatei 10
Dialog: Im Park

Im Park

Situation: Alena ist mit ihrem Hund Lucky im Park unterwegs. Hier geht sie am liebsten mit ihm Gassi, weil sie hier Ruhe findet. Kurz nachdem sie sich im Park auf ihrer liebsten Bank abgesetzt hat, setzt sich eine ältere Dame zu ihr und sie kommen ins Gespräch.

Dialog	Spanisch	Deutsch
Ältere Dame:	¡Hola! ¿Cómo estás? ¡Qué perro tan bonito tienes!	Hallo! Wie geht es Ihnen? Einen schönen Hund haben Sie!
Alena:	Gracias. Sí, se porta muy bien. El tuyo también parece muy dulce.	Dankeschön! Ja, er ist wirklich brav. Ihrer scheint aber auch sehr lieb zu sein!
Ältere Dame:	Siempre disfruto mucho del aire fresco del parque. Me recuerda viejos tiempos. Te he visto antes por aquí. ¿Vienes al parque con regularidad?	Ich genieße die frische Luft im Park immer sehr. Es erinnert mich an alte Zeiten. Ich habe Sie schon öfter hier gesehen. Kommen Sie regelmäßig in den Park?
Alena:	Lucky y yo venimos siempre que encontramos tiempo. Aquí también me relajo muy bien.	Lucky und ich kommen, wann immer wir die Zeit dazu finden. Ich kann hier auch richtig gut entspannen.
Ältere Dame:	Entonces estoy seguro de que volveremos a vernos pronto. Lo estoy deseando. Que tenga un buen día. ¡Hasta la vista!	Dann sehen wir uns bestimmt bald wieder. Ich freue mich schon! Haben Sie noch einen schönen Tag. Auf Wiedersehen!
Alena:	¡Que tengáis un buen día vosotros también! Cuidaros.	Ihnen auch einen schönen Tag! Machen Sie es gut!

Die Wochentage, Monate und Jahreszeiten

Gespräch unter Freunden

Situation: Anton trifft seinen Freund Marcel. Da sie bereits seit langem nichts mehr gemeinsam unternommen haben, entscheiden sie sich dieses Mal dazu, bereits ein weiteres Treffen zu planen. Hierzu stimmen Sie gemeinsam ihre Termine ab.

Audiodatei 11

Dialog: Gespräch unter Freunden

Dialog	Spanisch	Deutsch
Anton:	La verdad es que siempre nos cuesta encontrar una cita cuando los dos tenemos tiempo.	Wir beide tun uns wirklich immer schwer, einen Termin zu finden, an dem wir beide Zeit finden.
Marcel:	¡Sí tienes razón! Pero estoy seguro de que podemos hacerlo.	Ja, da hast du recht! Aber ich bin mir sicher, wir bekommen das hin.
Anton:	Estoy de acuerdo. ¿Qué tal el lunes de la semana que viene, por ejemplo? ¿Tendrías tiempo?	Da stimme ich dir zu! Wie sieht es denn beispielsweise nächste Woche Montag bei dir aus? Hättest du Zeit?
Marcel:	Como siempre, estoy indispuesto. Siempre tengo tenis después de la escuela los lunes. Así que no es posible. ¿Podrías venir a verme el viernes de la semana que viene?	Wie immer bin ich verhindert. Montags habe ich immer Tennis nach der Schule. Das geht also nicht. Könntest du denn am Freitag in der kommenden Woche zu mir kommen?
Anton:	Veo que va a ser complicado otra vez. Es mejor que no nos reunamos hasta el próximo otoño.	Ich sehe schon, es wird mal wieder kompliziert. Am besten treffen wir uns erst im nächsten Herbst.
Marcel (lacht):	¡Ojalá! Pero tardaré demasiado. El mes que viene estaré libre el día 17.	Das hättest du wohl gerne! Das dauert mir aber zu lange. Im nächsten Monat hätte ich am 17. Zeit.
Anton:	Muy bien. Entonces mantengamos esa cita.	Das trifft sich gut. Dann lasse uns diesen Termin festhalten.
Marcel:	Vale.	Einverstanden.

Gespräch zwischen Mutter und Tochter

Situation: Angelika und ihre Mutter verbringen viel Zeit miteinander. Ihre Mutter ist inzwischen 76 Jahre alt. Umso mehr genießen die beiden die Zeit. Ihre Mutter liebt es, ihrer Tochter Geschichten von früher zu erzählen. So auch heute.

Audiodatei 12

Dialog: Zwischen Mutter und Tochter

Dialog	Spanisch	Deutsch
Mutter:	Sabes, Angelika, cuando tenía tu edad, todavía había meses de verano muy agradables.	Weißt du, Angelika, als ich so alt war wie du, da gab es noch richtig schöne Sommermonate.
Angelika:	¿Qué significa eso? ¿No tenemos un verdadero verano hoy? ¿O ahora es invierno en verano?	Was soll das den heißen? Haben wir heute keinen richtigen Sommer mehr? Oder ist es inzwischen Winter im Sommer?
Mutter (lacht):	No, eso no. Pero hoy, los veranos son mucho más secos de lo que alguna vez fueron. Ya casi no llueve y rara vez hay olor a lluvia cálida de verano. Lo echo un poco de menos.	Nein, das nicht. Aber heute sind die Sommer viel trockener, als sie es einmal waren. Es regnet kaum noch und nur selten gibt es den Geruch von warmem Sommerregen. Ich vermisse das etwas.
Angelika:	Lo comprendo. Pero, ¿has vivido alguna vez un invierno de verdad?	Das verstehe ich. Aber hast du denn auch schon einmal einen richtigen Winter erlebt?
Mutter:	¡Oh sí, lo hice! Estuve en Alemania con mi padre cuando tenía 10 años. Quería que conociera la nieve. El invierno allí es realmente hermoso.	Oh ja, das habe ich! Ich war mit 10 Jahren mit meinem Vater in Deutschland. Er wollte, dass ich den Schnee kennenlerne. Der Winter dort ist wirklich schön.
Angelika:	Creo que realmente necesito ver un invierno real por mí misma. Quizá entonces pueda entender mejor tus historias.	Ich glaube, ich muss mir unbedingt einmal selbst ein Bild von einem richtigen Winter machen. Vielleicht kann ich deine Geschichten dann noch besser verstehen.
Mutter:	¡Definitivamente deberías hacer eso!	Das solltest du unbedingt tun!

REISEN

Am Flughafen

Situation: Maria fliegt mit ihrer Familie heute zum ersten Mal in den Urlaub. Vorher ist sie noch nie in ein Flugzeug gestiegen. Der Flughafen begeistert sie daher sehr. Auch hat sie viele Fragen, als sie auf das Boarding warten.

Audiodatei 13
Dialog: Am Flughafen

Dialog	**Spanisch**	**Deutsch**
Maria:	Mamá, mira qué grande es el avión. ¡Caramba! Nunca había visto nada igual. ¿Cuántas personas caben ahí?	Mama, sieh mal, wie groß das Flugzeug ist. Wow! So etwas habe ich noch nie gesehen. Wie viele Leute passen denn dort hinein?
Mutter:	No puedo responder a esa pregunta, deberíamos haberla hecho en la puerta de embarque. La gente de allí ciertamente lo habría sabido mejor.	Die Frage kann ich dir nicht beantworten, die hätten wir am Flugsteig stellen müssen. Die Menschen dort hätten das sicher besser gewusst.
Maria:	¡Qué pena! ¿Por qué se revisaron nuestros pasaportes? ¿Importa?	Schade! Warum wurden denn da eigentlich unsere Pässe kontrolliert? Ist das wichtig?
Mutter:	Oh querida, se trata de determinar si realmente eres quien dices ser.	Ach Liebes, dabei geht es darum, festzustellen, ob man wirklich derjenige ist, als der man sich ausgibt.
Maria:	¿Y quién conduce el avión? ¿Puede hacerlo por sí solo?	Und wer fährt das Flugzeug? Kann es das alleine?
Mutter (schmunzelt):	Los aviones no conducen, vuelan. El avión es controlado por un piloto y las azafatas y azafatos cuidan de los pasajeros.	Flugzeuge fahren nicht, sie fliegen. Gesteuert wird das Flugzeug von einem Piloten und um die Fahrgäste kümmern sich die Stewardessen und Stewards.

Maria:	¿Y a dónde va nuestro equipaje? ¿Cómo encontramos esto de nuevo más tarde?	Und wo kommt unser Gepäck hin? Wie finden wir das später wieder?
Mutter:	El equipaje se transporta en la bodega. Esta es una especie de tronco. El equipaje vuelve a nosotros cuando hemos aterrizado a través de un carrusel de equipaje.	Das Gepäck wird im Laderaum transportiert. Das ist eine Art Kofferraum. Zu uns zurück kommt das Gepäck, wenn wir gelandet sind, über ein Gepäckband.
Maria:	Estoy tan emocionada, ¡no puedo esperar!	Ich bin so aufgeregt, ich kann es kaum erwarten!

Im Hotel

Situation: Nach einer langen Flugreise ist Tim mit seiner Freundin Noelia im Hotel angekommen. Beide sind müde, aber zunächst müssen die organisatorischen Dinge erledigt werden.

Audiodatei 14
Dialog: Im Hotel

Dialog	Spanisch	Deutsch
Noelia:	Tim, primero tenemos que ir a la recepción. Pero puedo ver que tomará algún tiempo. Hay una gran cola de invitados que probablemente acaban de llegar.	Tim, wir müssen zunächst zur Rezeption. Aber ich sehe schon: Das wird etwas dauern. Es gibt eine lange Schlange von Gästen, die wohl gerade angekommen sind.
Tim:	¡Me temo que tienes razón! ¡Pero la recepcionista ciertamente hace todo lo posible!	Ich fürchte, du hast recht! Aber die Rezeptionistin gibt sicherlich ihr Bestes!
Noelia:	Estoy seguro de eso también. Y luego finalmente obtenemos la llave y podemos mudarnos a nuestra habitación doble.	Da bin ich mir auch sicher. Und dann bekommen wir endlich den Schlüssel und können unser Doppelzimmer beziehen.
Tim:	No olvides que todavía tenemos que rellenar el formulario de registro.	Vergiss nicht, dass wir noch das Anmeldeformular ausfüllen müssen.
Noelia:	¡Así es! Y luego obtenemos nuestro número de habitación y finalmente podemos ir a la habitación con nuestras maletas en el ascensor. ¡Estoy cansada, ha sido un día largo!	Das stimmt! Und dann bekommen wir unsere Zimmernummer und können endlich mit unseren Koffern im Aufzug zum Zimmer fahren. Ich bin müde, es war ein langer Tag!
Tim:	Vale.	Einverstanden.

SPORT

Im Fußballstadion

Situation: Lina erfüllt sich zusammen mit ihrer Freundin Sabine einen langersehnten Wunsch. Schon immer wollte sie ihren liebsten Verein einmal im Stadion sehen. Nun ist es endlich so weit.

Audiodatei 15
Dialog: Im Fußballstadion

Dialog	Spanisch	Deutsch
Lina:	Estoy muy emocionado. Sería un sueño conseguir el balón con el que juegan los futbolistas. Pero sé que eso no ocurrirá. Pero puedo soñar.	Ich bin so aufgeregt. Es wäre ein Traum, den Fußball zu bekommen, mit dem die Fußballer spielen. Aber ich weiß, das wird nicht passieren. Träumen darf ich aber.
Sabine:	Sí, eso sería un sueño. Pero probablemente seguirá siendo un sueño. Pero creo que es genial que estemos sentados detrás de la portería. Creo que es donde se tiene la mejor vista.	Oh ja, das wäre ein Traum. Aber es wird wohl ein Traum bleiben. Ich finde es aber schon toll, dass wir hinter dem Tor sitzen. Ich finde ja, da hat man die beste Sicht.
Lina:	Sin duda tienes una buena visión de la defensa y de todo el campo. Pero puede ser que otra persona lo vea de otra manera. Es una cuestión de opiniones.	Man hat auf jeden Fall einen guten Blick auf die Verteidigung und über das gesamte Spielfeld. Aber vielleicht sieht jemand anderes das anders. Es ist Ansichtssache.
Sabine:	Tengo curiosidad por ver cuántas veces tendrá que pitar el árbitro hoy y si también sacará una tarjeta roja.	Ich bin gespannt, wie oft der Schiedsrichter heute pfeifen muss und ob er auch eine rote Karte verteilt.
Lina:	Imagínese, ganamos el trofeo. ¡No sería increíble!	Stell dir einmal vor, wir holen den Pokal. Wäre das nicht unglaublich!
Sabine:	¡Ese sería mi mayor deseo!	Das wäre mein größter Wunsch!

Bei den Olympischen Winterspielen

Situation: Milan verfolgt die Olympischen Winterspiele begeistert. Da sie nicht vor Ort anwesend sein können, verfolgen er und sein Vater diese am Fernseher.

Audiodatei 16

Dialog: Bei den Olympischen Spielen

Dialog	Spanisch	Deutsch
Milan:	¿Saldrán todos de la rampa de forma segura hoy?	Ob sie heute alle sicher die Skischanze verlassen?
Vater:	Los saltadores de esquí son muy hábiles en este tipo de cosas. Así que creo que lo será.	Skispringer sind bei so etwas sehr geübt. Ich denke daher schon, dass es so sein wird.
Milan:	¡Tendrás razón en eso! ¡La tribuna está bastante llena hoy!	Damit wirst du recht haben! Die Tribüne ist ganz schön voll heute!
Vater:	¡Todos los espectadores quieren ver al ganador en el podio!	Die Zuschauer wollen alle den Sieger auf dem Siegerpodest sehen!
Milan:	¡Oh sí, así es! Tengo curiosidad por ver qué medalla ganarán los patinadores artísticos este año.	Oh ja, das stimmt! Ich bin gespannt, welche Medaille die Eiskunstläuferinnen dieses Jahr holen.
Vater:	¡Entonces muestra lo que puedes hacer! ¡Vamos!	Dann zeigt mal, was ihr könnt! Auf geht es!

Kleidung

Am Waschtag

Situation: Mutter und Tochter wollen den Tag nutzen, um die angefallene Wäsche zu waschen. Dabei fällt der Tochter auf, wie viele unterschiedliche Kleidungsstücke es gibt.

Audiodatei 17
Dialog: Am Waschtag

Dialog	Spanisch	Deutsch
Tochter:	Ni siquiera sabía que producimos tanta ropa. Estoy aterrorizado.	Ich wusste gar nicht, dass wir so viel Wäsche produzieren. Ich bin erschrocken.
Mutter:	Bueno, no ayudas tan a menudo que podrías saberlo. Pero también acabamos de regresar de vacaciones. Siempre es más lavandería.	Na, so oft hilfst du auch nicht, dass du das Wissen könntest. Aber wir sind auch gerade aus dem Urlaub gekommen. Da ist es immer nochmal mehr Wäsche.
Tochter:	Ahí tienes razón. Aquí yace un traje de baño, detrás de él un bikini. Pantalones cortos, una falda y camisetas también están escondidos en la maleta. ¿No es una locura cuántas ropas diferentes hay?	Da hast du recht. Hier liegt ein Badeanzug, dahinter ein Bikini. Kurze Hosen, einen Rock und T-Shirts haben sich auch im Koffer versteckt. Ist es nicht verrückt, wie viele unterschiedliche Kleidungsstücke es gibt?
Mutter:	¡No olvides tus calzoncillos y camiseta! Por supuesto, los tirantes de tu padre y su bañador. Sí, muchas cosas se juntan.	Unterhose und Unter-hemd nicht zu vergessen! Natürlich auch die Hosenträger deines Vaters und seine Badehose. Ja, da kommt einiges zusammen.

Das Schuhregal

Situation: Während Viktor das Schuhregal aufräumt, spielt sein kleiner Sohn Emilio mit den Schuhen, die er aus dem Regal geräumt hat. Er probiert sie an und ist begeistert von der Vielfalt unterschiedlicher Schuhe.

Audiodatei 18
Dialog: Das Schuhregal

Dialog	Spanisch	Deutsch
Viktor:	¿Desde cuándo te entusiasman tanto los zapatos, Emilio?	Seit wann bist du denn so begeistert von Schuhen, Emilio?
Emilio:	¡Me gustan tus zapatillas! Pero las botas y sandalias de mamá también son muy cómodas.	Ich mag deine Turnschuhe! Mamas Stiefel und Sandalen sind aber auch sehr bequem.
Viktor:	Con lo sucio que te pones a veces, mamá y yo mejor te ponemos botas de goma.	So schmutzig, wie du dich manchmal machst, würden Mama und ich dir am besten nur Gummistiefel anziehen.
Emilio (lacht):	O tacones altos, ¡siempre estás un poco por encima de la suciedad! ¡El tacón se encarga de eso!	Oder Stöckelschuhe, da steht man immer etwas über dem Dreck! Der Absatz sorgt schon dafür!
Viktor (lacht):	¿Los atas con cordones para poder caminar con ellos?	Bindest du die dann mit Schnürsenkeln fest, damit du auch darin laufen kannst?
Emilio (lacht):	Si eso ayuda, ¡lo haré! ¡Claro!	Wenn das hilft, mache ich das! Natürlich!

LEBENSMITTEL

Im Supermarkt

Situation: Nadine unterstützt ihre Mutter heute beim wöchentlichen Einkauf. Dazu fahren Sie gemeinsam in den Supermarkt und arbeiten die Einkaufsliste ab.

Audiodatei 19
Dialog: Im Supermarkt

Dialog	Spanisch	Deutsch
Nadine:	¿Papá dijo algo que le gustaría tener sobre las verduras? Luego puse esto en el carrito de compras.	Hat Papa etwas gesagt, was er an Gemüse gerne hätte? Dann lege ich das in den Einkaufswagen.
Mutter:	Sí, le gustaría tomates, pepinos, cebollas, frijoles y ajo. ¡Le encantaría cocinar para nosotros el fin de semana!	Ja, er möchte gerne Tomaten, Gurken, Zwiebeln, Bohnen und Knoblauch. Er würde gerne am Wochenende für uns Kochen!
Nadine:	¿Qué más te gustaría tener, mamá?	Was möchtest du noch haben, Mama?
Mutter:	Para mí, puedes agregar berenjenas, zanahorias, coliflor y rábanos a tu carrito de compras.	Für mich kannst du noch Auberginen, Karotten, Blumenkohl und Radieschen in den Einkaufswagen legen.
Nadine:	Vale, entonces todo lo que me falta son pimientos. Entonces tenemos todo y podemos ir a la caja a pagar.	Ok, dann fehlt mir eigentlich nur noch Paprika. Dann haben wir alles und können zur Kasse, um zu bezahlen.

Beim Frühstück

Situation: Tina hat heute ausnahmsweise den Frühstückstisch für ihre Eltern gedeckt. Stolz erklärt sie, was sie alles auf den Tisch gepackt hat.

Audiodatei 20
Dialog: Beim Frühstück

Dialog	**Spanisch**	**Deutsch**
Tina:	¿Estáis feliz de que haya sorprendidolos? ¡Entonces no tienes que poner la mesa del desayuno!	Freut ihr euch, dass ich euch überrascht habe? Dann müsst ihr nicht den Frühstückstisch decken!
Mutter:	¡Pero por supuesto que estamos felices!	Aber natürlich freuen wir uns!
Vater:	Desde mi punto de vista, ¡eres bienvenido a tomar el desayuno más a menudo!	Von mir aus kannst du gerne öfter das Frühstück übernehmen!
Tina:	¡Tal vez lo pienso! Puse pan sobre la mesa. ¡Es muy fresco! No me olvidé del queso, la leche y la mantequilla, así como de la mermelada. Y para papá, por supuesto, sus embutidos. Para beber tenemos té, café y zumo de naranja. ¡Por supuesto, tampoco me he olvidado de los huevos!	Vielleicht überlege ich mir das! Ich habe Brot auf den Tisch gestellt. Es ist ganz frisch! Käse, Milch und Butter sowie Marmelade habe ich auch nicht vergessen. Und für Papa natürlich seinen Wurstaufschnitt. Zum Trinken haben wir Tee, Kaffee und Orangensaft. Eier habe ich natürlich auch nicht vergessen!
Mutter:	Gracias mi amor, eso fue muy amable de su parte.	Danke mein Schatz, das war sehr lieb von dir.
Vater:	Sólo puedo confirmarlo.	Das kann ich nur bestätigen.

Lektion 7: Leseverständnis

In dieser Lektion erhalten Sie ein paar ausgewählte Kurzgeschichten, auf Spanisch auch cuentos. Diese sollten Sie sich zur Übung durchlesen, ohne sich dabei die jeweilige Übersetzung anzuschauen. Im Nachgang können Sie sich die nachfolgenden Fragen stellen und kurz Notizen anfertigen:

- Von welchen Personen erzählt die Geschichte?
- Was kann über die handelnden Personen gesagt werden?
- Wo spielt die Kurzgeschichte? (Zeit und Ort)
- Welchen Inhalt / welche Handlung beschreibt die Kurzgeschichte?
- Gibt es ein klares Ende, eine Moral oder ein offenes Ende?

Mithilfe dieser Fragen können Sie konkret überprüfen, was Sie verstanden haben. Sofern Sie nicht beim ersten Lesen alles verstehen, machen Sie sich keine Sorgen. Lesen Sie die Kurzgeschichte einfach noch einmal und hangeln Sie sich anhand der Fragen durch den Text.

Im Anschluss können Sie die jeweils darunter befindliche deutsche Übersetzung lesen und Ihre Inhalte abgleichen.

KURZGESCHICHTEN

Kurzgeschichte – Wiedersehen mit Freunden

Level: Einfach

Audiodatei 21

Kurzgeschichte – Wiedersehen mit Freunden

¡Vaya! Sólo cinco minutos más!" pensó Anton y echó a correr calle abajo. Se dirigía a la estación. Precisamente hoy se había quedado dormido. Pero era un día muy importante.

Anton llevaba tanto tiempo esperándolo y hoy por fin era el día. Su amigo Miguel, de Perú, le visitaba después de cuatro largos años. No podía llegar demasiado tarde. ¿Qué pensaría entonces?

Completamente sin aliento, llegó a la estación central de Barcelona. Estresado y algo abrumado, deja que sus ojos vaguen por el tablón de anuncios. Ojeó los destinos y, con las prisas, no encontró el próximo tren al aeropuerto. Anton entró en pánico. ¿Había perdido el tren? ¿De verdad no llegaría a tiempo?

Así que salió corriendo y tomó la ruta directa al siguiente punto de información. Sudoroso hasta los huesos y aún sin aliento, pide información a la señora del mostrador. "¿Se ha ido ya el tren al aeropuerto? ¿Lo he perdido?", preguntó Anton inseguro. La señora del mostrador intenta calmarle: "¡Tranquilo! Si ya se ha ido, tampoco lo conseguirás si te entra el pánico. Ahora mismo lo busco. Dame un momento".

Anton suspiró: "Tienes suerte, joven. Su tren llega 30 minutos tarde hoy, así que aún no está en el tablón. Así que dese prisa y vaya al andén inmediatamente. El tren sale por la vía 13D", le explica la amable señora.

De nuevo, el joven de pantalón corto verde y camiseta blanca corrió como picado por una tarántula. Sólo unos minutos después llegó a la pista. Anton echó un vistazo a su teléfono. Un mensaje de Miguel. "¡Oh, no!", pensó. Poco después, leyendo el mensaje, se dio cuenta de que Miguel ya le había escrito antes de partir que su vuelo se retrasaría. Sin embargo, Antón no se había dado cuenta de este mensaje porque, de todas formas, ya llegaba tarde. "¡Qué suerte!", suspiró mientras su tren llegaba poco después. ¡Qué mala suerte!

Deutsche Übersetzung

„Wow, nur noch fünf Minuten", dachte Anton und rannte die Straße hinunter. Er war auf dem Weg zum Bahnhof. Gerade heute hatte er verschlafen. Aber es war ein sehr wichtiger Tag.

Anton wartete schon so lange darauf und heute war es endlich so weit. Sein Kumpel Miguel aus Peru würde ihn heute nach langen vier Jahren besuchen. Da konnte er doch nicht zu spät kommen. Was er dann wohl denken würde?

Völlig außer Atem erreichte er den Hauptbahnhof Barcelona. Gestresst und etwas überfordert ließ er den Blick über die Anzeigentafel schweifen. Er scannte die Reiseziele und in der Eile konnte er einfach nicht den nächsten Zug zum Flughafen finden. Anton verfiel in Panik. Hatte er den Zug verpasst? Würde er es wirklich nicht rechtzeitig schaffen?

Also rannte er los und begab sich auf direktem Weg zum nächsten Informationspunkt. Verschwitzt bis auf die Knochen und immer noch außer Atem bat er die Dame am Schalter um Information. „Ist der Zug zum Flughafen schon weg? Habe ich ihn verpasst?", fragte Anton verunsichert. Die Dame am Schalter versuchte, ihn zu beruhigen: „Immer mit der Ruhe! Wenn er nun weg ist, werden Sie ihn durch Panik auch nicht bekommen. Ich schaue sofort nach. Geben Sie mir einen Moment!"

Anton seufzte. „Sie haben Glück, junger Mann. Ihr Zug hat heute 30 Minuten Verspätung und ist deshalb noch nicht auf der Anzeigentafel. Also sputen Sie sich und begeben Sie sich umgehend zum Gleis. Der Zug fährt auf Gleis 13D", erklärte ihm die nette Dame.

Wieder rannte der junge Mann in grünen Shorts und weißem T-Shirt wie von der Tarantel gestochen los. Nur wenige Minuten später erreichte er das Gleis. Anton warf einen Blick auf sein Telefon. Eine Nachricht von Miguel. „Oh nein!", dachte er. Kurz darauf stellt er beim Lesen der Nachricht fest, dass ihm Miguel bereits vor Abflug geschrieben hatte, dass sich sein Flug verspäten würde. Anton hatte diese Nachricht jedoch nicht bemerkt, da er sowieso schon zu spät dran war. „Was für ein Glück!" seufzte er, als kurz darauf sein Zug einfuhr. Das war wohl Glück im Unglück!

Kurzgeschichte – Unerwartetes Wiedersehen in der Bücherei

Level: Medium

Audiodatei 22

Kurzgeschichte – Unerwartetes Wiedersehen in der Bücherei

La mirada de Tina recorrió la biblioteca. En realidad, había venido a estudiar. Pero, como siempre que se estudia, todo lo demás resulta más interesante.

"¡Concéntrate!", se amonestó Tina. Sabía que aún tenía mucho que hacer para el próximo examen. Pero le costaba concentrarse en lo esencial.

"Si Maja estuviera aquí. Seguro que entonces me resultaría más fácil estudiar", pensó Tina. Entonces bajó sus ojos de nuevo a sus libros y trató de cerrar todo alrededor de ella. Concentrada, repasó los distintos temas, tomó notas y marcó los que había trabajado en su lista. Luego echó un vistazo a su lista de tareas para hoy. "¡Uf! Aún es mucho", piensa. Después, intenta concentrarse. Pero no lo consigue por mucho tiempo. Poco después fue interrumpida:

"Disculpe, ¿está libre este asiento?", susurró suavemente una voz que sonrió amistosamente a Tina. Tina levantó la cabeza. Entonces lo vio. Era Maja. Asintió feliz, le dio un rápido abrazo y dejó a un lado su lista de tareas pendientes. Ahora simplemente tenía que tener éxito, porque juntas las dos eran imbatibles, ya lo habían demostrado muchas veces.

Deutsche Übersetzung

Tinas Blick schweifte durch die Bücherei. Eigentlich war sie hergekommen, um zu lernen. Aber wie immer beim Lernen war alles andere interessanter.
„Konzentrier dich!", ermahnte sich Tina. Sie wusste, dass sie für die anstehende Klausur noch einiges zu tun hatte. Dennoch fiel es ihr schwer, sich auf das Wesentliche zu konzentrieren.

„Wenn bloß Maja hier wäre. Ich bin sicher, mir fiele das Lernen dann leichter", dachte Tina. Dann senkte sie ihren Blick zurück in ihre Bücher und versuchte, alles um sich herum abzuschotten. Konzentriert arbeitete sie sich durch die verschiedenen Themen, machte sich Notizen und hakte die bearbeiteten Themen auf ihrer Checkliste ab. Dann warf sie einen Blick auf ihre heutige To-do-Liste.
„Puh! Das ist noch ganz schön viel!", dachte sie sich. Im Anschluss versuchte sie, ihre Konzentration wieder zu fokussieren. Lange gelang ihr das jedoch nicht. Kurz darauf wurde sie nämlich unterbrochen:

„Entschuldigung, ist hier noch frei?", flüsterte eine Stimme leise und grinste Tina freundlich zu. Tina hob den Kopf. Dann sah sie es. Es war Maja. Fröhlich nickte sie, drückte sie kurz und schob dann ihre To-do-Liste zur Seite. Nun musste es einfach gelingen, denn zusammen waren die beiden unschlagbar – das hatten sie schon öfter bewiesen.

Kurzgeschichte – Ein unerwarteter Fund

Level: Advanced

Audiodatei 23

Kurzgeschichte – Ein unerwarteter Freund

"¡Nina, ven aquí, vámonos!", llamó Marina a su hija. Nina hizo un breve gesto de dolor. Luego contestó: "No, quiero quedarme a jugar con mis amigos. Marina quiso cumplir el deseo de su hija. Así que volvió a sentarse con los demás padres y dejó que su hija siguiera jugando con sus amigas en el patio.

Nina, mientras tanto, se revolcaba en la hierba riendo con sus amigas. Rodaban detrás de la cuesta que había que superar para pasar por el tobogán. Luego volvieron a subir y repitieron lo que habían hecho hasta que, de repente, Timo se hizo daño. "¡Ay!", gritó poco después de chocar con algo. Nina y Emilio corrieron inmediatamente hacia él. Querían saber si le había pasado algo. Pero el susto fue mayor.

"No, todo está bien. Sólo me ha dolido mucho. No sé qué ha sido, ¡pero me he dado un golpe!", dijo Timo. Nina miró a su alrededor, intentando averiguar qué le había pasado a Timo. Esta era su manera de evitar que volviera a ocurrir. Al principio no descubrió nada. Luego, con un segundo vistazo, lo vio. No muy lejos de Timo, un pequeño pincho marrón sobresalía del suelo. No pudo distinguir qué era, así que se acercó a la punta. Timo y Emilio la siguieron.

"¿Qué es eso?", quiso saber Nina de Timo y Emilio. Timo y Emilio se encogieron de hombros. Con cuidado, Emilio intentó remover la tierra alrededor de ese algo marrón. Al hacerlo, una pequeña caja marrón emergió de la tierra. "¿Es lo que creo que es?", quiso saber Nina. Emilio asintió, con los ojos muy abiertos. Habían encontrado un tesoro.

"¡A ver si puedes abrir la caja!", susurró Nina. Poco después, la caja estaba abierta. Salieron un amuleto de oro y un papel arrugado, cuando de repente la madre de Nina volvió a insistir en que quería marcharse ya. "¡Rápido, busquemos un lugar seguro! La próxima vez volveremos para verlo más de cerca", declaró Nina. Dicho y hecho. En cuanto el tesoro estuvo escondido, Nina se apresuró a volver con su madre. "Bueno, ¿habéis jugado bien?", quiso saber Marina. Nina sonrió. "¡Ah, sí! Jugamos bien", dijo.

Deutsche Übersetzung

„Nina, komm her, wir wollen fahren!", rief Marina ihre Tochter. Nina zuckte kurz zusammen. Dann entgegnete sie: „Nein, ich möchte noch bleiben und mit meinen Freunden spielen." Diesen Wunsch wollte Marina ihrer Tochter erfüllen. Also setzte sie sich zurück zu den anderen Eltern und ließ ihre Tochter weiter mit ihren Freunden auf dem Spielplatz spielen.

Nina wälzte sich derweil lachend mit ihren Freunden im Gras. Sie rollten den Berg hinunter, den man überwinden musste, um die Rutsche zu passieren. Dann kletterten sie wieder hinauf und wiederholten ihr Vorgehen, bis sich plötzlich Timo verletzte. „Aua!", rief er kurz nachdem er gegen etwas gestoßen war. Nina und Emilio rannten sofort zu ihm. Sie wollten wissen, ob ihm etwas passiert war. Der Schock war aber größer.

„Nein, alles okay. Es tat nur echt weh. Ich weiß nicht, woran, aber ich habe mich gestoßen!", sagte Timo. Nina blickte umher und versuchte, herauszufinden, was Timo verletzt hatte. Damit wollte sie verhindern, dass es noch einmal passierte. Zunächst entdeckte sie nichts. Dann, bei einem zweiten Blick, sah sie es. Nicht weit von Timo entfernt ragte eine kleine braune Spitze aus dem Boden. Sie konnte nicht erkennen, was es war, also näherte sie sich der Spitze. Timo und Emilio folgten ihr.

„Was ist das?", wollte Nina von Timo und Emilio wissen. Timo und Emilio zuckten mit den Schultern. Vorsichtig versuchte Emilio, die Erde rund um dieses braune Etwas zu entfernen. Während er das tat, kam eine kleine braune Kiste aus der Erde hervor. „Ist es das, was ich denke?", wollte Nina wissen. Emilio nickte mit aufgerissenen Augen. Sie hatten einen Schatz gefunden.

„Sieh mal, ob man die Kiste öffnen kann!", flüsterte Nina. Kurz darauf war die Kiste geöffnet. Ein goldenes Amulett und ein verknittertes Stück Papier kamen zum Vorschein, als plötzlich Ninas Mutter erneut drängte, dass sie nun gehen wolle. „Schnell, lasst uns einen sicheren Platz suchen! Dann kommen wir das nächste Mal nochmal her und sehen uns das genauer an!", erklärte Nina. Gesagt, getan! Kaum war der Schatz versteckt, eilte Nina zurück zu ihrer Mutter. „Na, habt ihr schön gespielt?", wollte Marina wissen. Nina schmunzelte. „Oh ja, das haben wir!", sagte sie.

Nachfolgend finden Sie eine weitere Übung, mit der Sie Ihr Leseverständnis schulen können.

Übung zum Leseverständnis

Schauen Sie sich den nachfolgenden Text genauer an. Lesen Sie ihn mehrere Male und beantworten Sie dann die nachfolgenden Fragen:

- Was können Sie über Juna sagen?
- Wie sind ihre Familienverhältnisse?
- Wie alt ist sie?
- Wo lebt sie?
- Was macht sie beruflich?

Audiodatei 24
Audio-Hilfestellung

Juna tiene 26 años. Vive con su familia en Santa Cruz, capital de Tenerife, isla española situada en el océano Atlántico. Tiene dos hijos con su marido Aurelio: Nele y Emil. Nele tiene 3 años. Emil tiene 6 meses. Antes de mudarse a Tenerife, Juna y su marido vivían en Huelva, una pequeña ciudad del extremo sur de España. Antes de E-mil y Nele, Juna trabajaba como profesora. En cuanto los dos estén en la guardería, le gustaría retomar su profesión.

Die Lösungen sowie die deutsche Übersetzung zu dieser Aufgabe finden Sie am Ende des Kapitels in einem separaten Lösungskapitel.

Lösungen zu den Übungen

Im Verlauf dieses Kapitels finden Sie die Lösungen zu den Übungen der vorangegangenen Lektion.

Was können Sie über Juna sagen?
• Juna hat zwei Kinder – Nele und Emil.
• Sobald Emil und Nele alt genug für die Kindertageseinrichtung sind, will Juna wieder als Lehrerin arbeiten.

Wie sind ihre Familienverhältnisse?
• Juna ist verheiratet.

Wie alt ist sie?
• Sie ist 26 Jahre alt.

Wo lebt sie?
• Gemeinsam mit ihrem Mann und ihren beiden Kindern lebt sie in Santa Cruz, der Hauptstadt von Teneriffa.

Was macht sie beruflich?
• Vor der Geburt von Nele und Emil war Juna Lehrerin.

Deutsche Übersetzung:
Juna ist 26 Jahre alt. Mit ihrer Familie lebt sie in Santa Cruz, der Hauptstadt von Teneriffa, einer spanischen Insel im atlantischen Ozean. Sie hat mit ihrem Mann Aurelio zwei Kinder – Nele und Emil. Nele ist 3 Jahre alt. Emil ist 6 Monate alt. Bevor Juna mit ihrem Mann nach Teneriffa gezogen ist, haben Sie in Huelva gelebt, einer kleinen Stadt am südlichen Zipfel Spaniens. Vor Emil und Nele hat Juna als Lehrerin gearbeitet. Sobald beide in der Kindertageseinrichtung sind, möchte sie ihren Beruf wieder aufnehmen.